孩子一学就会的作文课

张嘉庆 著

机械工业出版社
CHINA MACHINE PRESS

本书从观察构思、厘清逻辑顺序、组织语言结构这三个方面出发，用适合孩子阅读的表达方式，告诉孩子如何写出好作文。文中提供了丰富生动的写作方法，如放大镜观察法、糖葫芦法、肉夹馍法、显微镜观察法等，并提供案例，让孩子一学就会，从无从下笔变为作文高手。

图书在版编目（CIP）数据

孩子一学就会的作文课／张嘉庆著．—北京：机械工业出版社，2020.4
ISBN 978-7-111-64829-1

Ⅰ.①孩… Ⅱ.①张… Ⅲ.①作文课-初中-教学参考资料 Ⅳ.①G634.343

中国版本图书馆CIP数据核字（2020）第031338号

机械工业出版社（北京市百万庄大街22号 邮政编码100037）
策划编辑：刘文蕾 刘春晨　责任编辑：刘文蕾 刘春晨
责任校对：黄兴伟　　　　　责任印制：孙 炜
中教科（保定）印刷股份有限公司印刷
2020年6月第1版·第1次印刷
145mm×210mm·6.125印张·97千字
标准书号：ISBN 978-7-111-64829-1
定价：49.80元

电话服务　　　　　　　　　网络服务
客服电话：010-88361066　　机 工 官 网：www.cmpbook.com
　　　　　010-88379833　　机 工 官 博：weibo.com/cmp1952
　　　　　010-68326294　　金 书 网：www.golden-book.com
封底无防伪标均为盗版　机工教育服务网：www.cmpedu.com

会观察　会表达　会呈现

开篇词

从无从下笔到作文高手

"谁来救救我啊!已经拿着笔发呆一个小时了,还是一个字也写不出来。不是不想写,是真的不知道该写什么!"

"天哪,我熟悉的人都是一个鼻子、两只眼睛,有什么可写的呢?"

"作文本的格子怎么这么多?动不动就要写好几百字,怎么把它们填满啊?"

"老师又说我写得没特点!那个人、那些事就是那个样子,哪有什么特点呢?"

……

看到这些,大家有没有产生共鸣?或者,其中的某一句是否就是你的心声?

嘉庆叔叔听到很多同学都有过类似的抱怨。这些抱怨的背后，饱含的是大家对作文的担忧、茫然，甚至恐惧，更是写作时面临的各种必须解决的苦恼。我把同学们常见的问题逐一列了出来，下面就来一起看一看，你是不是也遇到过同样的问题：

1. 拿到一篇作文题目，不知道该如何下笔。虽然有的题目已经给出了场景、人物、动物，但是想大了脑袋也没有用，把小头爸爸急成了大头儿子，究竟应该怎么写，还是没有头绪。

2. 好不容易写了几笔，却发现文不对题。要求写张三，自己写的却是李四，本来应该是写光头强，结果却满篇都是喜羊羊，毫无章法，离题万里。

3. 终于写出了些内容，却平淡无奇，味同嚼蜡。一件自己亲身经历的事情，本来觉得很有意思，可是落在笔上，却既不生动，也不感人。就好像自己本来想做一桌丰盛的饭菜，可端上来的却是一碗白开水。

4. 最痛苦的是达不到字数要求。为了凑字数，同学们可谓是八仙过海各显神通。有的同学不论写什么都加一大堆形容词，"十分、非常、特别"全用上，有的数着每句话的字数，想尽办法让一个字占上一行，还有的故意写错，另起一行，让字数显得多一些。可这样凑出来的，根本不会成为好作文。

一言以蔽之：拿到题目不会下笔，下笔之后不会展开，展开以后写不精彩。

那么，这些问题究竟有没有好的解决办法呢？

办法肯定是有的，而且只要大家肯认真学，一点儿也不难，一学就会，一用就灵。

在嘉庆叔叔的写作方法中，首先要帮助同学们解决的就是如何思考的问题。拿到一个作文题，面对题目中的素材——人物、静物、动物、场景，思考从哪里着眼，从哪里入手，该如何写。也就是，如何做到让自己的作文有的放矢，言之有物。

嘉庆叔叔不仅是一名写作老师，也是一名语言表达老师。我在日常工作中发现一个现象，那就是作文写得好的同学，口才不一定是优秀的，但是善于语言表达的同学，却大多是文采卓著的。

这是因为文字表达和语言表达是密不可分的，而语言表达比起文字表达来，需要更深的积累、更快的反应和更多的技巧。比起普通的作文课，在嘉庆叔叔的作文课中，增加了一个"说"的环节。看到一个题目，不要急于动笔，而是先用说的方式把作文的内容铺陈好，把大纲梳理好。这样既能锻炼口才，又能提升写作水平。

当我们能够顺利地把一篇作文构思出来后，更重要的是思考如何使这篇作文更加精彩、更加动人，也就是如何获得更高的评价，得到更高的分数。这当然也是有技巧、有方法的。嘉庆叔叔就把自己多年总结的小诀窍分享给大家，百试百灵。让大家都能够成为作文高手，不仅在考试时取得高分，而且在写作能力上也有长足的进步。

下面就让我们就开始写作表达之旅吧。

目 录

开篇词 从无从下笔到作文高手

第一部分
摆脱"目中无物",
让观察更有思路

观察人物细节,把眼睛变成"放大镜" / 004
让思维的"飞镖"给你观察的思路 / 009
"糖葫芦",穿成串,人物特点穿起来 / 016
会吃"肉夹馍",就能写好动物 / 023
"显微镜"下的世界更精彩 / 031
"撒开一张大网",再辽阔的天地都能写得下 / 039
景色描写,多种方法齐上阵,效果更好 / 046
写一个场景,有人、有物、有景 / 055

第二部分
屏蔽"语无伦次",让表达更富逻辑

"流水账"不用怕,也许是优秀作文的开始 / 068

像"剥洋葱"一样,找好方位顺序 / 077

想把复杂的流程写清楚?先学"切蛋糕"吧 / 083

有时候,"倒着说话",效果更好 / 088

插叙,让作文更充实,内涵更丰富 / 093

综合运用五种写作顺序 / 099

第三部分
告别"味同嚼蜡",让呈现更加精彩

想让文章紧扣主题?"蜘蛛"才是个中高手 / 108

平步作文江湖的五种开头 / 115

万变不离其宗,结尾就这五种方法 / 124

学会四种方法,让作文妙趣横生 / 134

再来谈一谈审题 / 160

想象文同样有规律 / 170

后记　无他,唯手熟尔 / 178

第一部分

摆脱"目中无物",让观察更有思路

作文，始于观察。生活中的万事万物都值得观察，也都可以通过观察获得灵感，再借由手中的笔写出生动有趣的文章。但是，常常有同学问我，"老师让我们观察这、观察那，虽然东西摆在眼前，自己却两眼一抹黑、大脑一片空白，实在不知道该写什么，该从什么地方写起。最可怕的是，老师还总说我们写的东西没有特点，不够生动。面对多种多样的事物，究竟应该怎么观察，又怎么才能写出特点来呢？"有这样疑惑的同学实在不在少数，别着急，观察是有方法、有技巧的。接下来我们就从观察入手，让大家掌握观察的技巧，让观察变得更有思路。

观察人物细节，
把眼睛变成"放大镜"

  作文中有一大类是人物描写，如《我的爸爸》《我的妈妈》《我的同桌》《记忆中的那个人》《我熟悉的一个人》等。记叙文是最常见的一类作文，用于记述事情，而事情是由人物构成的，所以掌握人物描写的方法，是一项非常重要的技能。

  拿到描写人物的题目时，该如何下笔，又能写些什么内容呢？下面我们就来解决这个问题。

  其实，描写人物无从下笔，说到底是不知道如何观察，从哪里开始观察，观察什么。嘉庆叔叔教大家一个方法——放大镜观察法，用这种方法可以马上学会观察，并且获得无穷的乐趣。大家此刻和我一起想象，在手里有一个放大镜，面前有一个人正等待着我们来观察。

  举一个大家都很熟悉的例子——光头强。

第一部分　摆脱"目中无物"，让观察更有思路

如果让你来描写光头强，你会怎么写呢？有的同学可能会写："他是一个戴着橘黄色安全帽的中年男人。头光秃秃的，最爱砍树，总被熊大和熊二打跑。"这样写不能算错，但实在是太笼统、太没有特点了，光头强的形象也不生动。那么，用放大镜观察法应该如何描写呢？

放大镜观察法，顾名思义就是把要描写的人物，每一个部分都不断放大，然后把放大后的细节写出来。有的同学可能会吃惊："啊？就这么简单吗？"没错，就这么简单，不信一起来试试看。

将一个人放大可以分成五个部分，这就是"五字秘诀"——脸、身、衣、语、行，即脸面、身材、衣着、语言、行为。我们握紧放大镜，一个部分、一个部分地观察。

这里还要告诉大家一个秘诀——一二三选择法。这个方法也特别简单，就是在使用放大镜观察法描写人物的时候，根据重要的程度来进行选择。越重要的部分描写的项目就越多，但最多不能超过三个。那么，写人物的时候，应该如何判断到底哪个部分重要，哪个部分不重要呢？其实很简单，对于初学写作的同学来说，"五字秘诀"的顺序就是重要程度的顺序。最重要的是脸，最后是行。所以，脸上的五官，我们可以挑出三个地方来写，身材和衣着挑选两个地方来写，语言和行为只要各写出一个特点就好。

首先，我们拿起放大镜来看光头强的脸。脸，包括我们常说的五官，也就是眉目鼻口耳。光头强的眉毛又粗又弯，眼睛瞪起来时眼珠特别小，眼白特别大。鼻头又大又红，鼻子下面有两撇细细的胡子，大大的嘴巴能占整张脸的一半。有一对元宝耳朵，耳郭也常常红彤彤的。那么，最有特点的是什么呢？当然是他那光光的脑袋、弯弯的脸型和红红的鼻子。

接着，我们拿放大镜观察光头强的身材和衣着。光头强的身材是典型的上身长下身短，两只胳膊长长的，罗圈腿，双脚外八字。衣着包括帽子、上衣、裤子和鞋等。光头强常戴着一顶橘黄色的安全头盔，身穿皮衣和皮坎肩，脚踏一双黑色的棉布鞋。从身材里挑出两样来描写，我们可以选择上身长下身短，还有罗圈腿。衣着可以选头盔和皮坎肩。

最后，我们拿放大镜观察光头强的语言和行为。有的同学会问，放大镜怎么看语言和行为呢？其实我们说的"放大镜"就是一个比喻，指的是自己的记忆。可以闭上眼睛回忆一下，要描写的这个人物，其语言和行为都有哪些特点。

给大家一个提示，对于语言特点，可以想一想要描写的这个人物说话的声音是大还是小、是粗还是细、是快还是慢,带不带方言、有没有口头禅。光头强是典型的瘪嗓子,大嗓门,而且常常有很多的口头禅,有一些已成为经典,比如:"小熊熊,又来偷东西啊?""惹我光头强,揍你没商量。"

日常行为包括站姿、坐姿、走路的样子、吃饭穿衣的习惯以及喜怒哀乐时的各种表现等。光头强有着罗圈腿和外八字的脚,走起路来总是向外踹。笑起来,眼睛眯成月牙,咧着大嘴嘎嘎嘎的,像一只乌鸦,生起气来两只手举过头顶,攥紧拳头,一蹦三尺高。

观察了这么多,我们可以从语言和行为中,各挑出一点写在作文里。

"脸身衣语行"已经用放大镜观察过一遍了,又用一二三选择法选择了描写的重点。下面就把我们描写的光头强展现给大家。

光头强是一个在深山中偷砍树木的伐木工。顾名思义,光头强的脑袋上一根头发也没有,像一个大鸡蛋,又像一个发光的灯泡。他的脸型像一个又长又弯的大茄子,下巴又长又尖,探了出来,有人说他的下巴简直就是一个挂钩,就算挂上一件大衣也掉不下来。他那红红的大鼻子,就像是一颗红透了的大草莓,嵌在这个"大茄子"的正中央,让人担心一不留神就会挤出水来。

光头强的上身特别长，下身特别短。他那两只长胳膊，两条罗圈腿和一双外八字脚，远远看上去就像一只猴子。因为工作需要，他总是戴着一顶橘黄色的安全头盔，也因为树林里特别冷，他常常穿着一件灰色的皮坎肩，还有皮衣和皮裤。不知道是衣服穿得太久缩水了，还是其他什么原因，光头强的衣服从里到外一件比一件小，外面的衣服总是遮不住里面的衣服。内衣边会露出一大块，而最外面的皮坎肩最小，搭配起来活像马戏团里的小丑。

光头强最爱说的话是"强哥不发威，当我是病猫啊！"因为有两只保护森林的狗熊总是跟他过不去，所以他每次被狗熊恶作剧之后，都会生气地这么大喊一通。他生气的时候，两条罗圈腿会高高地蹦起来，两只长长的胳膊高高地挥舞过头顶，那样子更像动物园里的大猩猩了。

写到这里，已将近五百字，应该足够老师的字数要求了。下面再回忆一下我们观察和构思的整个过程。首先用放大镜观察法，把人物的"脸身衣语行"逐个进行放大。接着在每一个部分中，用一二三选择法选出最有特点的地方进行重点描写。最后，一个生动有趣的人物形象就跃然纸上了。

光头强只是我们举的一个例子，我的爸爸，我的妈妈，我熟悉的一个人，也完全可以用这样的方法来套用。在这里要提醒大家，放大镜观察法、五字秘诀、一二三选择法，都是为了方便同学们学习写作而总结出来的套路和方法。但写作不是刻板的，当大家熟练掌握了这些方法后，完全可以突破这些要求，寻找自己的方法。

最后，我们来做一个游戏，游戏的名字叫"猜猜他是谁"。选择一个大家都比较熟悉的人物，可以是卡通人物，也可以是历史名人，用放大镜观察法、五字秘诀和一二三选择法进行描写，然后让父母和朋友来猜一猜，描写的人物到底是谁。

让思维的"飞镖"给你观察的思路

我们学习了如何用放大镜观察法对人物进行观察，可是只把人物形象写出来恐怕还不够，因为有的同学在作文本上经常会收到老师"人物千篇一律，没有特点"的评语。接下来我们就来学习如何找到一个人与众不同的形象特点。

一位同学写《我的爸爸》时，是这样描写的："我的爸爸长着高高的个子，留着短短的头发，说话声音粗粗的，走起路来非常快。他每天很早就出发去上班，很晚才回来。我的爸爸非常喜欢看电视、打扑克，还喜欢跟朋友喝酒吃饭。他也很爱我,非常关心我的学习,每次考完试,都会问我考试成绩。如果考得不好,他就会狠狠地批评我。我很爱我的爸爸。"

在这篇作文里有没有大家曾经的影子呢?这篇作文的确写的是一个典型的爸爸的形象,但是也正如老师的点评一样,这个爸爸完全没有自己的特点,可以说他是张晓强的爸爸,也可以说是李晓明的爸爸,就算说他是大头儿子的爸爸恐怕也没什么大问题。

很多同学一遇到这种作文题目就痛苦不堪:"哎呀,人不都是一个鼻子、两只眼,吃喝拉撒睡,哪有那么多特点啊?"没错,确实如此,可是大家有没有发现,我们身边还有一些人,他们有各自的外号,有的叫胖墩儿,有的叫竹竿儿,有的叫昆虫迷,有的叫小问号,还有的叫小书虫。一听这些外号,我们就知道这些同学与众不同、特点鲜明。胖墩儿一定很胖,竹竿儿当然就很瘦,昆虫迷一定很喜欢昆虫,小问号一定特别爱提问题,小书虫一定最爱看书。这些外号非常生动地抓住了每个同学最显著的特点。当然,在这里要提醒大家,不要给同学起外号。而是要想一想,身边有没有这样的人,有着鲜明的特点,并且被一下子点了出来。

如果我们能够找到不同人物的不同特点,那么写出来的人物就不会千篇一律了。

  这时候，就有同学要站出来喊了："我的周围就是没有那么有特点的人啊！""老师要我们写的人就是没有特点怎么办？"这个问题真的很尖锐，能够想到这个问题的同学也是经过认真思考的，给你点个大大的赞！那么，是时候教大家神奇的"飞镖法"了！

  什么是飞镖法呢？这个方法可了不得，可以让我们借助仙气，让"老神仙"帮助我们找出一个人的特点。

  我们首先要进行准备工作。既然是飞镖法，就要有标靶，可以用纸和笔做一个标靶。随便找一张没有写字的纸，只要纸上有一点空白地方就可以。然后写上三个词：性格、习惯、爱好。这样，第一个标靶就做好了。

  大家肯定会奇怪，哪里有飞镖啊？我们手中的笔就是飞镖。用手中的"飞镖"有节奏地轮流点在这三个词上，同时默念咒语"天灵灵、地灵灵，神奇飞镖快显灵，快显灵！"当最后一个"灵"字出口，笔尖落在哪个词上，哪个词就是神奇飞镖告诉我们的"最大特点"。

  紧接着做第二个标靶。如果第一次用神奇飞镖点中的特点是性格，那么就再找一个空白的地方，写上"高兴、生气、悲伤"；如果点中的是习惯，那么就写上"衣、食、住、行"；如果点中的是爱好，那么，恭喜你一步到位，根据自己所知道的那个人的爱好来写就可以了。如果实在不了解，还可以直接去问他本人。做完第二个标靶，接下来就很简单了，还是像第一次一样，轮流点标靶上的字或词，口中默念咒语"天灵灵、地灵灵，神奇飞镖快显灵，快显灵！"神奇飞镖自然就会告诉我们，这个人物的特点是什么了。

接下来要做的是，按照神奇飞镖的指引坚定不移地思考和描写！注意，这个方法最重要的地方，就是只能选一次，因为只有第一次仙气最足、最准，第二次就不灵了。

在用飞镖法确定了人物的主要特点之后，就可以用前面学过的放大镜观察法来仔细地观察了。当然这一次观察的不是"脸、衣、身、语、行"，而是飞镖选中的性格、习惯、爱好这三方面中的细节。虽然观察对象不同，但方法和思路是完全一样的。

以《我的妈妈》为例，如果用"飞镖"点中的是"性格"中的"悲伤"这一项，就要注意去思考，妈妈在什么时候会悲伤呢？在这里，我们可以将悲伤的概念扩大一些，可以包括哭泣、沮丧、唉声叹气等。回忆一下，妈妈在什么时候会有这些情绪呢？稍加留意我们可能就会发现，妈妈在看悲伤情节的时候，因为一些事情生气的时候，在为我们的学习着急的时候，都会出现这些情绪。找到了低落

第一部分 摆脱"目中无物",让观察更有思路

情绪的发生点,就可以用放大镜观察法,把妈妈的每一个细节都进行放大,把表情、动作、语言都进行细致的记录和描写。一个有特点的妈妈一定会跃然纸上。

如果点中的是"习惯"中的"食"字,我们就要好好回忆一下妈妈和食物之间的事情。我想,对于很多同学来讲,妈妈都是烹饪高手。那就花工夫仔细观察一下,妈妈在做饭时都做了些什么。尤其在给我们做最喜欢吃的菜时,是气定神闲、驾轻就熟,还是严阵以待、按部就班?是大火爆炒、口味生猛,还是小火慢炖、恬淡可口?恐怕很多同学都没有注意过吧?仔细观察一次,大家会发现,很多有意思的细节,都值得写在作文里。

在使用飞镖法并仔细观察的时候,我们会发现每个人身上都有无穷无尽的鲜明特点,把这些特点写下来,作文就再也不会"千篇一律、没有特点"了。

下面是一位同学用飞镖法结合放大镜观察法写的作文——《我可爱的爸爸》,他的神奇飞镖这一次点中的是爱好。点中的时候,他立刻想到了该写什么,因为他爸爸的爱好真的是太有特点了。

如果用一个字来形容我的爸爸,那就是"圆"。

他有一个圆圆的脑袋。圆圆的脑袋上留着短短的头发,他说头发要经常剃,只要超过一个手指肚,他就会自己用

推子推一回。他不仅脑袋是圆的，五官也是圆的。他的眼睛像两颗圆圆的棋子，鼻子像一个圆圆的小笼包。一笑起来，他那张嘴就像八月十五的圆月饼。

他的身材也圆圆的。他的胳膊和腿都是圆圆的，最显眼的是，他有一个圆圆的大肚子。妈妈说，爸爸的肚子那么圆，是因为里面装着一个圆圆的大篮球。

提到篮球，就必须得说，那是爸爸最大的爱好。每年的 NBA、CBA 电视转播，爸爸场场不落，每一个球星，爸爸讲起来都能滔滔不绝。不仅如此，爸爸还喜欢和朋友一起到小区里的篮球场打篮球。爸爸和几位叔叔经常和小区里的大哥哥们一起打球，虽然经常输，但每次他都会笑着对我说："这都不叫事儿。"

就在昨天，我放学回家写完作业，爸爸穿上了自己最喜欢的 23 号球衣到篮球场打球。我也跟了过去，给爸爸呐喊助威。

别看爸爸的身材圆滚滚的，但是在篮球场上跑来跑去特别灵活，就像一只欢蹦乱跳的胖猴子。

打了几分钟，对方的一个大哥哥跨到篮下准备投篮，爸爸用力跳起来准备把这个球拍掉。可是刚跳起来，就听"哎哟"一声，爸爸右脚一松，人就摔到了地上。旁边的叔叔把他扶到一边。我赶紧跑过去，看到爸爸的嘴角不住地

第一部分 摆脱"目中无物",让观察更有思路

抽动,用手捂着脚腕子,头上的汗珠滴滴答答地往下掉。我问爸爸:"疼吗?"爸爸看着我,嘴角挤出一丝笑容说:"这都不叫事儿。"

过了一会儿,爸爸穿上鞋,踮着脚冲场上喊道:"我来啦!"又上了场。尽管后面爸爸一直是踮着脚打篮球的,但一点儿也没影响他的干劲儿。最后,他还抢到了一个队友的传球,左脚弹跳投篮,为自己的球队赢得了两分。

下场时,我高兴地扑到爸爸怀里,说:"爸爸你真棒!"爸爸还是面带笑容地说:"这都不叫事儿。"

到了晚上,当妈妈看到爸爸肿起的脚踝时,狠狠地打了爸爸的腿一巴掌,说:"你都多大了?还跟那帮半大小子打球!脚肿成这样,活该!"爸爸露出有些尴尬,又满是骄傲的笑容说:"这都不叫事儿。"

这就是我可爱的爸爸。

在这篇作文中,一个非常喜欢打篮球又乐观的爸爸跃然纸上,生动而鲜活。作者就是用飞镖法和放大镜观察法抓住了爸爸打篮球时的很多细节,包括表情、动作、语言,等等。

现在,大家肯定知道,所谓的"神奇飞镖、使用仙气"的说法,只是一个玩笑而已。之所以要用这个方法来帮助大家找到人物特点,是因为任何一个人都有自己独一无二

的特点，不管是长相，还是性格、习惯和爱好，都有与众不同之处。以前没有发现，就是因为没有认真地逐一放大、逐一观察。只要认定了某一个点，仔细观察，就一定能够找到每个人鲜明的特点。

飞镖法虽然并没有仙气，但它的确能够在我们无法找到人物特点的时候，快速地帮助我们确定一个方面，找到一个特点。只要静下心来，我们就会发现，这个飞镖法真的非常神奇。注意，使用飞镖法，每写一个作文题时，只有第一次选择才是最有效的。好了，我也要写我的作文去了，"天灵灵、地灵灵，神奇飞镖快显灵，快显灵！"

"糖葫芦"，穿成串，人物特点穿起来

我们学习了描写人物特点的方法，但只是抓住特点恐怕还不行，还要根据人物的不同特点进行取舍。因为每个人的特点不是只有一点，当面对不同方面的几个不同特点时，应该如何取舍呢？下面我们就来探讨这个问题。

前面我们提到过，每个人都是独立的、与众不同的，运用飞镖法，不论从哪个角度写，都能写出特点来。但是有的同学就会有烦恼了：一个人有很多特点，如果作文题

第一部分 摆脱"目中无物",让观察更有思路

目只让写一个特点,或者自己就是想找到那个最明显的特征来写,怎么办?

下面我们来学习一个新的写作方法——糖葫芦法,用这种方法可以非常理性,而且迅速地确定哪个人物、哪个特点是最值得写的,最能写出与众不同来。

大家一定吃过又酸又甜、沾满糖衣的糖葫芦吧?但大家一定没想过糖葫芦还能帮我们写作文。下面以《熟悉的一个人》为例。

首先,可以确定这个题目是写人物的,其次,要写的是一个很熟悉的人。有的同学可就要犯愁了,熟悉的人可多了,最先想到的是爸爸妈妈,还有同桌、伙伴和老师。到底写谁呢?下面我们就一起来用糖葫芦法确定一下。

首先,在纸上写出备选人的名字。写出第一个名字,用圆圈圈起来,就是第一个山楂球;写出第二个名字,再用一个圆圈圈起来,就是第二个山楂球……以此类推,写几个人名就画几个山楂球。画一根线把山楂球都穿起来,给每个人评分。怎么评呢?很简单,当看到一个人的名字时,立刻说出他的特点,从五字秘诀"脸身衣语行",到"习惯、性格、爱好",想出一个特点就给一分,一个人一个人地评下来,看看谁的分数高,谁就是最应该写的那个人。如果某个人的某一个特点十分鲜明,就一次性加两分,

甚至三分。比如，小刚说自己的爸爸特别爱吃，而且随口就能说出好几个有关爸爸和吃的笑话来，那么，就要给爸爸加上三分。最后，把每个人的评分写在相应的山楂球下面。

经过一番评比，分数最多的那个人当然就是最值得写的那个人了。这就是糖葫芦法。而且我们会发现，在评分的过程中，那个最有特点的人的特征已经在我们的头脑中梳理了一遍，要想动笔马上就会思如泉涌。

有的同学说，虽然这样可以确定要写的人，但是还没有确定到底要写他的哪些特点呢。这个问题很好解决，可以用飞镖法确定，也可以照猫画虎，再用糖葫芦法做一次选择。这一次，仔细想一想这个要描写的人物都有哪些特点，给每一个特点画一个山楂球，再进行评分，分数最高的自然就是最值得写的典型特点。

下面把学生亮亮使用糖葫芦法的全过程，向大家展示一下。他所写的作文题目就是《熟悉的一个人》。

拿到题目，他首先想到的是自己的爸爸和妈妈，可是这两个人已经写过好多次了，不想再写了。于是，就又想起了爷爷和奶奶，语文老师黄老师以及自己的同桌顾明宇。四个人选，已经不少了。

接着亮亮就用糖葫芦法，把这四个人穿成了一个大糖葫芦。他想到，爷爷长得又高又瘦，喜欢养鱼，还喜欢养花，这三点应该给三分。又想到奶奶个子不高，有些胖，每天晚上喜欢到小广场去跳舞，还喜欢做菜，尤其是她做的红烧肉，是亮亮的最爱。奶奶必须给五分。

接下来是亮亮最喜欢的黄老师。黄老师长得又高又瘦，总觉得他的手腕没比粉笔粗多少。他戴着一副大黑框眼镜，讲课的时候眼镜总会滑到鼻尖上。黄老师虽然瘦，嗓门却很大，讲课特别有意思。黄老师特别喜欢书法，也特别在意自己的板书，所以他写每一个字时都一丝不苟，非常认真。黄老师写粉笔字的故事特别多，亮亮随便都能讲出一大堆来，写板书这一项就得给三分，再加上其他的项目，必须得六分。

最后是自己的同桌顾明宇。顾明宇是个长得很壮的小伙子，皮肤有些黑，眼睛大大的。他的脾气特别急，能跑坚决不走，说话却总是快不起来，因为一旦说快了，马上就会着急得磕磕绊绊，有些结巴。他的评分，亮亮给了四分。

黄老师以六分完胜。在亮亮的心里，黄老师有很多特点，但是最大的特点，就是爱写板书，亮亮能够说出很多相关的故事，于是就给这一点评了高分。

亮亮的这个小方法，大家也可以在使用糖葫芦法的时候借鉴。如果能够想出描写对象的故事，就一定要给高分，而且作文里完全可以多写这个人物的故事。黄老师的人物特征已经非常明显了，除了他的身材、长相、语言、习惯之外，最应该描写的是写板书以及相关的故事。

下面我们就来一起看一看亮亮的这篇《熟悉的一个人》。

我熟悉的人有很多，有爸爸妈妈，有爷爷奶奶，还有和我关系最好的同桌顾明宇。但是我今天想写的是我的语文老师——黄老师。因为他不仅是我熟悉的人，还是我非常敬佩的人。

黄老师留着短短的头发，虽然才不到四十岁，但头发却已经花白了。黄老师的鼻梁上架着一副黑框大眼镜，讲课时，尤其是讲唐诗时，他总是眉飞色舞、手舞足蹈，眼镜就会不知不觉地从鼻梁上往下滑。可是黄老师却一直也不扶，搞得坐在前排的我，总担心眼镜会突然掉下来摔碎。然而，神奇的是，每次黄老师总能在眼镜掉落前的最后一刻，一扬脸，让眼镜回到原来的位置，永远是有惊无险、化险为夷。

黄老师个子很高，但身板却很瘦。他常穿一件白色的衬衫，略微有些佝偻的身子使衬衫的前边空得晃晃荡荡的。这样就显得他更瘦了。因为他太瘦，裤子也总是在腰间挂不住。他时不时地会用自己的两肘往上蹭一下皮带，把裤子往上拉一拉。

这时有人可能会问，为什么他不用双手拉皮带呢？哈哈，那是因为他的双手沾满了粉笔灰。

黄老师最喜欢写板书。每一次语文课上，黄老师都会一边在黑板上写字，一边大声给我们讲课。他写的板书既清楚又好看，每一个字都特别精神、有力量，简直就像是一本字帖。

记得有一回，他给我们讲唐朝诗人张志和的《渔歌子》，他朗诵的同时也写了起来。当写到"鳜鱼肥"的"鳜"字时，为了把笔画写得清晰，他把脸贴得离黑板越来越近。当他把整首诗写完后，一转身，全班同学看他的表情立刻都变了。每个人都鼓着腮帮子，就好像嘴里含了一大口气，咽不下去也吐不出来。黄老师也感觉到哪里不对，就随意地在脸上抹了一把。这一抹可不要紧，大家再也忍不住了，全都哈哈大笑起来。有的同学笑得捂着肚子趴在桌子上。

原来，刚才黄老师写字的时候，把粉笔灰蹭到了鼻子和颧骨上，他转过身来那么一抹，粉笔灰全都糊到了脸上。当时的样子就像京剧里的小丑，简直太搞笑了。黄老师明白了缘由后，自己也笑了。

这时，我看着黑板上那么漂亮的一首《渔歌子》，觉得黄老师一点儿也不滑稽，反而还挺可爱、挺帅气的呢。

因为黄老师喜欢写板书，我和班上的大多数同学都非常喜欢书法，大家也常常学着他的样子，在黑板上练习板书。上个月，我们班出的黑板报，得了全年级第一名！

我非常喜欢黄老师，也特别佩服他，佩服他能够全心全意讲每一节课，大声朗读每一首诗，认认真真写下每一个字！

读完了亮亮的这篇《熟悉的一个人》，一个认真严谨，又不乏幽默感的黄老师的形象已经跃然纸上。我们再来回顾一下，亮亮的这串糖葫芦是怎么穿的呢？首先他对黄老师的脸部、身材、衣着和习惯动作进行了描写，这就是糖葫芦上的四个山楂。接着，他又穿上了一颗大大的山楂，那就是黄老师爱写板书的这个特点，尤其是他鼻尖粘上了粉笔灰惹得全班大笑的故事，更是描写得惟妙惟肖。就是这样的"一串糖葫芦"，把黄老师展现在了我们眼前。

其实说到底，糖葫芦法教给我们的是一种思考方式。当写作文面对很多素材，拿不定主意的时候，就把每一种素材的特点都列出来，然后像穿糖葫芦一样穿起来，再给每一个山楂球评分，最后分数最高的那个就是最值得写的。

会吃"肉夹馍",就能写好动物

在描写对象中,还有一类是必须要重视的,那就是动物。

有的同学可能会说,动物有什么新鲜的?会写人了,自然就会写动物了。这个说法没错,如果掌握了人物的观察技巧和规律,写动物也不会太困难。但是,很多同学却有不同的看法。他们觉得,动物毕竟和人有所不同。比如,每个人虽然各有特点,但说到底还是同一个类型,"脸身衣语行"这五字秘诀就可以概括了。但是动物的形态就大不相同了。大的可以比一座房子还大,小的可能比手指甲还小,高的可以超过大树,矮的可能越不过脚面。还有,它们的毛皮、颜色、习性、特征,更是千变万化,大相径庭。怎么可能和人物的描写方法完全相同呢?

没错,这些同学的看法也很有道理。这也正是很多同学拿到一个描写动物的题目时,常常一发呆就是一两个小时,无从动笔的原因。接下来,我们就按照这些同学的思路,来一起研究一下,观察动物到底应该采取什么方法。

在这里要分享一个观察动物时常用的方法——肉夹馍法。有的同学听了可能会莫名其妙，也可能会哈哈大笑。肉夹馍？那不是我国北方的一种小吃吗？两块面饼中间夹上或肥或瘦的牛肉、猪肉，有的还会加一点辣椒丝、香菜丝，吃起来确实很香。可是这和观察动物有什么关系呢？

其实，不论是什么样的动物，不管是生活在陆地上的，还是生活在海洋里的，是栖息在深山老林中的，还是活动在沙漠、冰川上的，都会有两个区别于其他动物最主要的要素，能够体现出一个动物最大的特征。这两个要素就是形态和毛皮。

形态主要是指，一个动物的大小、主要形状、相貌、基本状态；毛皮主要是指，这个动物的毛或者皮的颜色、质地。形态和毛皮这两大项就相当于肉夹馍上下的两块面饼。习性、叫声、特征、生存环境、行走步态、生活爱好、捕食习惯等，不管千变万化，就相当于肉夹馍中间的那一大块肉馅。这块肉馅，可能是猪肉，也可能是牛肉，可能是整块的，也可能切碎的，反正都是夹在两块面饼中间。有了两块面饼，再加上厚厚的肉馅，就形成了一整个香美的肉夹馍。一个活灵活现的动物的观察也就完成了。

下面我们来一起尝试一下肉夹馍法到底如何。我们先来观察一个大家都很熟悉的动物——小狗。但是，光说小狗不行，因为狗的种类实在太多了，我们需要确定到底是什么品种。下面我们就以京巴为例，来看一下应该如何描写动物。

使用肉夹馍法来观察，首先要确定京巴的第一块面饼：形态。我们来想一想这种狗的个头大小。京巴是小型犬，一般长到成年，也就二三十厘米高，相当于一般的楼梯台阶那么高。京巴的脑袋长得平平的，两只眼睛离得有点远，黑色鼻头小小的，鼻孔常常是张开的。两只耳朵大大的，耷拉在脑袋两边。

接下来再来想一想京巴的第二块面饼：毛皮。京巴通常是白色的，而且毛很长，就像是穿着一件雍容华贵的鹅毛裙子，尾巴又小又翘，打着卷，在长毛的衬托下像是一把小巧的鹅毛扇，在那里摇来晃去。

最后再来看中间的肉馅。京巴小巧可爱，聪明喜人，据说有的京巴还会做算术题，能够做十以内的加减法。京巴个头很小，四条腿更是又短又小，就像是板凳下面四只小小的板凳腿儿。走起路来，四条腿快速地捯来捯去，犹如四个小小的风火轮，那样子憨态可掬，别提多逗人了。虽然京巴长得可爱，可它也有一个弱点，那就是它的长毛。前面说了，京巴的毛长得很长，就像是穿着鹅毛裙子。这样的装备在冬天很暖和，可到了夏天就会很受罪。所以，到了夏天，京巴的运动量就不会像大多数狗那么大了，往往在阴凉下一趴就是大半天，伸着长长的舌头，还是喘个不停，肯定是热坏了。

用京巴的形态、毛皮这两块面饼，夹住了它的习性、走路的步态、生活特点等肉馅，一个活灵活现的京巴是不是已经展现在我们的面前了？

下面再来观察另一种动物，这种动物在我们的生活中不太常见，那就是陆地上现存最大的生物——大象。先来看大象的第一块面饼：形态。大象的个头实在是太大了，就像一栋行走的房子。一般来说，一头刚出生的小象也有一百多公斤，如果人这么重，那可是非常胖了。大象长到成年往往有三四吨重，四米多高，比一般的大巴车还要高。大象的形态特点简直太多了，它的耳朵像两把大大的蒲扇，鼻子像一根长长的水管，简直和它的身子一样长。成年的大象还长着两颗长长的象牙，像两柄尖刀。它的身子像一堵墙。虽然大象很大，可是它却长了一条又短又细的小尾巴，就像是一个高高大大的篮球运动员，后脑勺留了一个小小的辫子，那样子又滑稽又可爱。

再来看另一块面饼，也就是毛皮。确切地说，大象只有皮没有毛。它的皮又糙又厚，据说一般的刀都插不破。大象的皮是灰褐色的，但是我们常常会看到它浑身呈现土黄的颜色，那一定是因为它刚刚从泥里打了滚儿出来。

两块面饼讲完了，再来把中间的肉馅加上。大象那么大，当然最重要的就是吃了。它最喜欢吃水果，尤其是香蕉，整把整把的香蕉，连皮带肉的被灵活的鼻子卷起来，直接就往嘴里扔。一头大象一天要吃下两三百公斤的食物。大象生性善良，善解人意。它们会跳舞、倒立、跳跃，甚至给人做"按摩"。让一个人趴在地上，盖上毯子，一头大象用它那脸盆一样大的脚掌在那个人的身上轻轻拍打，真不知道是舒服还是害怕。大象最灵活的要数它的鼻子，它能把一个人轻易地用鼻子卷起来，再做一些高难度的动作，比如前脚倒立，向后坐立等。看着真是又惊险又刺激。

下面我们来看一篇使用肉夹馍法写的作文。这篇作文是默默同学写的，他观察的是自己家里的两只小乌龟。

老师给的题目是观察小动物，他干脆给作文起了个题目叫《两只小乌龟》。

在我家的鱼缸里有两只小乌龟。大家可能要问了，鱼缸里不是应该有鱼吗？你怎么养了两只乌龟啊？

没错，起初我家的鱼缸里是养了好几条金鱼，可是养金鱼太麻烦了，我不是忘了换水，就是多撒了鱼食。鱼缸里的鱼换了好几波，没有一次能养过一个星期的。后来妈妈说，干脆别养鱼了，就养天下最好养的小动物吧。于是，一天妈妈下班回家，带回了两只小乌龟。

这两只小乌龟大约有人的手掌那么大，不过还是分得出大小。一只大一点，和妈妈的手掌一般大，一只小一点，和我的手掌一般大。于是，我就给它们起名叫大大、小小。它们身上都长着硬硬的龟壳。妈妈说，卖乌龟的老板告诉她，这乌龟壳能够承受住一个大人的重量呢。我可不敢踩，但是我在大大的身上压过满满一脸盆的水，它好像真的完全没有感觉。

两只小乌龟的龟壳上都有着青绿色六角形的纹路，一块一块的彼此错落，又码得很齐，很像家里厕所墙上的瓷砖。我趁它们探出头的时候，摸过它们的皮肤，光光滑滑的像是沾了水的破气球皮，黏黏腻腻的还挺有弹性。

它们的脖子很长，有四条小短腿和一条小尾巴。走起路来四条腿前后摆动，像是一个扣着的小碗活了起来。妈妈专门给大大和小小买了可以漂浮的乌龟食。养乌龟的水只要能够稍稍没过乌龟壳就够了。接下来，只要三四天喂一点食物，再换一次水，就完全不用管了。这真的比养鱼省事多了。

这两只小乌龟，看起来都是慢性子，但是在鱼缸里马上就显出性格的不同了。大大的性子慢吞吞，就算是看到食物漂过来，也会看上半天，再突然一伸脖子咽到嘴里。而小小的脾气就非常急，总是在鱼缸里爬来爬去，遇到吃的也是自己先抢。鱼缸里有一点风吹草动，它的脖子缩得可比大大快多了。

而且小小常常欺负大大。有一次，小小居然爬到了大大的壳上作威作福。起初大大完全不理它，过了一会儿，见小小完全没有下来的意思，大大就把头一歪，四条腿一用力，往旁边一转身，就像一个散步的路人一样，仿佛身上根本没有任何负重，就那么若无其事地走了。这下可轮到小小倒霉了，把它闪在那里，它一个没留神，翻了个大跟头，白白的肚子一下子露在了上面，变成了头朝地脚朝天。哈哈，我想要是大大会笑，肯定笑得肚子疼了。

小小在那里晃了半天四肢，我倒要看看这小小怎么办。

只见这小小也不示弱，四条腿滑动了一会儿看没有用，就伸长了脖子，用嘴顶到鱼缸的底部。嚯，我从来没想到这乌龟的脖子可以伸那么长。再看它嘴尖猛地一用力，脖子一使劲儿，往下一挺，见证奇迹的时刻到了，小小的大壳一下子就翻了过来！

这两只小乌龟，在我家的鱼缸里已经生活了快一年了。

它们生活得快乐而自在。看来这乌龟真的是天下最好养的动物啊!

　　大家看出默默同学是如何使用肉夹馍法对小乌龟进行描写的吗？他先是用妈妈和自己的手作参照，介绍了两只小乌龟的大小，这便是"肉夹馍"的第一块面饼——形态。进而，描写第二块面饼——毛皮。然而乌龟没有毛皮，那当然就要介绍乌龟壳的颜色和花纹了，默默在这里还着重讲了龟壳的坚硬度。接下来便是讲两只小乌龟的性格。默默发现它们虽然都是慢性子，但是彼此之间还是有性格差异。还抓住了一件有趣的事，小小企图欺负大大，却让自己吃了个大亏。这个过程描写得非常细致生动，充满了趣味，也让这个"肉夹馍"中间的"肉馅"丰盈充实，令人难忘。

　　默默的"肉夹馍"我们已经尝过了，你的身边也一定有很多形态各异的动物，比如小猫、小狗、鸡、鸭、鹅，甚至金鱼和昆虫，等等。它们都可以作为观察的对象，值得细致地描写一番。赶紧拿起手中的笔，开始制作属于自己的"肉夹馍"吧。

"显微镜"下的世界更精彩

人和动物最大的共同点是都是活的、能动的,接下来我们共同研究一下不动的东西应该怎么观察。不动的东西,其实就是静物。静物描写也是作文中的一大类,比如我们常见的题目有:写一种植物、一件珍贵的纪念品、书桌上的文具,等等。

由于静物是没有动态的,缺少了描写人物的语言和行为,描写动物的动作、行为和习性等,所以为了能够描写得同样生动和惟妙惟肖,就必须在细节上下更大的功夫。因此,我把观察静物的方法叫作显微镜观察法。显微镜,顾名思义,比放大镜观察得更加细微,更加准确,能够观察到更深层次的细节。

首先要分享一下观察静物的六字口诀。观察人物有"五字秘诀":脸身衣语行,观察静物有"六字口诀":形色用触听嗅,也就是静物的形态、颜色、用途、触感、听感和嗅感(闻气味)。有一点需要注意的是,因为静物也是千变万化,什么类型都有,所以这六个方面只是作为一个参考,并不是每一个静物都需要写全。这就需要我们随机应变，有所取舍。比如写生日蛋糕，可能就要用到"嗅"，甚至还要描写口感，但是，如果描写一个花瓶，恐怕就用不着闻或者吃了，要是真的张大口去咬一个花瓶，那可就要留神把牙硌坏了。

因为嘉庆叔叔很喜欢写毛笔字，我们就先以毛笔为例进行观察。我想一定有很多同学跟我一样喜欢写毛笔字，而且很多学校都开展了书法课，所以大家对毛笔一定都不陌生。可是这么熟悉的文具，大家有仔细观察过吗？

下面我们就来仔细观察一下毛笔。

毛笔的形

也就是形态。一般我们常用的大白云或者大狼毫，都是用长长的竹子做的笔杆，下面是羊毫或者狼毫的笔尖。好像这样一句话，就已经把毛笔的形态讲完了。在放大镜观察法中，描述这么多已经足够了。然而，在描写静物时，这是远远不够的。我们说的显微镜观察法，就是要在第一层放大镜观察法的基础上，再细致一步。那么，还怎么细致呢？刚才说的长长的笔杆，到底有多长呢？我们可以用尺子量一量，一般的大白云或者大狼毫，大约长二十厘米左右。当然，我们也可以用另一种方法来形容，那就是作比较，和其他常见的物品进行比较，比如毛笔的笔杆和一本书的长度差不多。这样读者就会有一个更加直观的认识。

毛笔尖也可以叫作笔毫、笔头。一般写大楷的大白云和大狼毫的笔尖也就是两三厘米，或者相当于大拇指的指肚那么长。如果是制作非常精良的毛笔，笔肚会非常饱满，真的像一个人刚刚吃饱了一样，肚子鼓鼓的、圆圆的。可是越往下，就越小、越尖。到最后，所有的笔毫都攒在了一起，像是一根钢针的针尖，细得能穿过针鼻儿。这样的观察才叫显微镜式的观察。

毛笔的色

即颜色或者花纹。毛笔笔杆的颜色，是由竹子的质地决定的，一般以米黄色为主。这样可不算显微镜式的观察。再仔细看，大家有没有注意过，笔杆上可不是光秃秃的，往往还写有这杆毛笔基本性质的文字，以方正有力的楷书居多。比如有的会写"大白云善琏湖笔"，不仅写出了毛笔的笔毫，还写出了产地是善琏。有的毛笔因为竹子的特殊质地，上面还会有不同程度的深色斑纹，这样的竹子就是斑竹。还有的毛笔，为了显示工艺的精致，增加毛笔的美感，会在笔杆上刻上祥云或者花朵作为装饰。

再来看笔尖的颜色。有的同学可能会说:"大白云自然是羊毫,颜色就是纯白色,像一朵飘在天空上的白云。大狼毫,当然就是棕褐色。"这样的观察还不够细致。大多数毛笔为了让笔毫更加有劲道,往往会在最中心的地方添加几根最硬的狼毫,如果仔细观察,我们会看到,毛笔的笔尖处会有几根颜色最深的笔毫。尤其是羊毫笔,会非常明显。如果此时手中有一支毛笔,大家是否也能观察到如此细致的地步呢?

毛笔的用途

毛笔的用途自然就是写字。如果写一篇关于毛笔的作文,我们可以向读者介绍一根崭新的毛笔从蘸水、晕开,到蘸墨、舔笔,甚至在纸上落笔、行笔、收笔的全过程。这部分内容属于记录事物的流程,在后面会详细讲解。

毛笔的触、听和嗅

这实际上是我们对所描写对象的感觉。因为毛笔在这三个方面都没有可描写的价值,所以就可以省掉了。

为了让大家对显微镜观察法有一个更加深刻的认识,

我们再来举一个例子。在嘉庆叔叔的办公桌上,有一个很别致的装饰品——留声机样式的八音盒。那是一个学生在教师节的时候送给我的。我非常喜欢,所以就把它摆在桌子上以便常常看到。下面就给大家讲一讲这个八音盒。

八音盒的形

这个八音盒是一个留声机的样式,整个八音盒大约相当于一个墨水瓶那么大,很小巧精致。从头到脚都是木质感觉的,是复古的老式风格,看上去就像一百多年前的老物件。它有一个厚厚的底座,底座的正面是三个金色的旋钮。在底座的另外三面都雕刻着富贵吉祥的团花,显得古朴、庄重。在右边的团花正中央伸出来一个摇把,那是开启八音盒声音之旅的开关。底座上支出来一个大大的喇叭。这喇叭被装饰成一朵盛开的花朵,连花蕊都清晰可见。

八音盒的色

在刚才的形中已经提到了整体的颜色和花纹装饰,这里就不再赘述了。

八音盒的用途

留声机正面的三个旋钮分别代表一首曲子，扭开一个旋钮就会播放相应的曲子。侧面的摇把是音乐的开关。曲子选定以后，轻轻地将摇把转动一周，曲子便会从喇叭里轻轻缓缓地飘出来。

八音盒的听和嗅

三首曲子都是悠扬婉转的老式民国歌曲，听着这歌声仿佛来到了近百年前的大上海十里洋场。既怀旧，又舒心。与此同时，更令人赞叹的是，音乐响起后，那朵大喇叭的花心还会不知不觉间喷出淡淡的香水。每次嘉庆叔叔写作累了，就会打开这个留声机，听着优美的歌声，闻着迷人的香气。闭上眼睛，简直就是最惬意的休息。

是不是大家的脑海里已经出现了一个八音盒的形象呢？

下面我们来欣赏于子轩同学运用显微镜观察法写的一篇作文。作文是语文书中的一个习作，题目叫《我的植物朋友》。她写的是她家小区里的一株桃树。请同学注意，六字口诀只是一个写作思路，是在我们缺少观察思路时的一种提示,并不一定要拘泥于这个口诀中。在这篇作文中,小作者虽然使用的是这个方法,但却没有刻板地按照形、色、用、触、听、嗅的顺序来写,但这几方面又都涉及了,加入了自己的想法。

在我家小区的小广场上有一株桃树。冬天的时候,桃树都光秃秃的只剩下树杈。

今天一大早,爸爸告诉我已经是春分了,院子里的桃树应该已经开花了。我就兴致勃勃地来到了几个月没来过的小广场。

果然,那棵桃树真的开花了。

当我还没走近的时候,就看到那桃树上开满了粉白色的花朵,一团团,一簇簇。那样子好像是一大团一大团的粉白色的棉花糖挂在了树上,又好像是给桃树罩上了粉白色的花布,风一吹,花布鼓起来,迎风飘舞。

所有的树枝上都已经结满了桃花,一串一串密密地结在每个树杈上,就好像是排好了队的舞蹈演员,待春天的音乐响起,就开始在空中翩翩起舞。

我走近一看,粉白色的花朵并不是全都盛开着。它们有的性子急,已经全部打开,有的半开半合,好像羞答答的小姑娘,还有的是含苞待放的花骨朵,像极了一个个粉色的小拳头。

我禁不住更加仔细地看看这一个个粉白色的小家伙。那一个个开放的花朵，由外往里一层一层地绽开，花瓣的颜色却是由里往外逐渐越来越浅。两三层花瓣包裹着最里面的花蕊。花蕊的触角从花心弹出来，每一个触角上都长着一个圆圆的红尖儿，像一个个超级迷你的小火把从花心里探出来。

虽然花朵并没有完全绽放，但是并不缺少前来观赏的探望者。

在我之前，早已经有勤劳的小蜜蜂在花朵间飞来飞去了。我追着蜜蜂的脚步，闻到了一股淡淡的让人陶醉的芳香。过了一会儿，桃树的周围来了一些锻炼的老人，还有前来合影的人们。

我慢慢地躲开，给他们留出更大的空间。

我想这桃树开出美丽的鲜花，是一个春天的信号，仿佛是在告诉人们，春天来了，快到这里来，感受春的气息，开始一年的工作吧。

这桃树真是我们的好朋友。

于子轩同学对于这一树桃花的观察，真是将显微镜观察法运用得淋漓尽致，可谓细致入微。首先，她从远处看了桃花的整体，又像棉花糖，又像大花布；接着，将画面放大，放大到一朵朵的花朵，并且用了两个比喻来形容花朵的形态。已经观察到花朵了，观察得够细致了吧？不，于子轩认为这还不够，她把镜头推进到了一朵花的最深处，仿佛这朵花占据了整个屏幕。终于，就连花蕊的颜色和形状特点，都被子轩抓住了，写了出来。这样的描写又怎能说不细致、不生动、不引人入胜呢！

"撒开一张大网"，再辽阔的天地都能写得下

观察人物、动物和静物时，描写对象有一个特点，它们都比较小，离我们比较近。在写作中，我们常常还会碰到一类题目——写景。写景，就是写景色、景物、场景，等等。这些描写对象有一个共同的特点，那就是比较远、比较大，涵盖的视野非常辽阔。面对这么大、这么多、这么广的景物，我们要从哪里看起，从哪里写起呢？

有的同学该想到了，是不是嘉庆叔叔又有什么奇怪的方法要教大家呢？没错，在这里要教大家的观察方法叫作"撒网法"。

撒网，就是渔夫捕鱼时向水面撒出渔网。这和写作观察有什么关系呢？先来看一看，渔夫撒网是怎样的一个动

作。在一张大大的渔网中心，会绑一根又细又长的手绳，撒网的时候，一只手攥好手绳，另一只手把一整张团好的渔网向外一抛。渔网就像一朵瞬间盛开的莲花四散打开，落入水中。待渔网网住了活蹦乱跳的鱼虾，再一收手绳，慢慢地将网和鱼虾拉回来。

这个撒网捕鱼的过程有两个特点需要我们注意：第一个特点是，撒网和收网都有一个点，一个是发出点，一个是收回点，这两个点其实可以归结为一个点，就是渔夫；第二个特点是，不管这张网撒得多大，都是有边缘的，收回的顺序就在这个边缘里，或者从左往右，或者从右往左。

观察景物和撒网一样，不论观察什么都一定要有一个发出点，也就是收回点，这个点就是那个撒网的渔夫，在观察景物的时候就是我们自己。不论多么大、多么远、多么辽阔的景物，都从我们自己的脚下出发往外扩散开去。

比如看一座大山，只要描写朝向我们这边的山峰是什么样子的就可以了，不用管山的另一边是什么样。再比如，看一座巨型建筑，只要观察我们所在的角度看到了什么、有什么感受就好了，不用考虑其他的。如果满眼都是各种景物，不知道该怎么观察也没关系，可以按照撒网法的第二个特点，或者从左往右、从右往左看一遍，或者从下往上、从上往下看一遍。总而言之，还是以自己为发出点，

第一部分 摆脱"目中无物",让观察更有思路

看到什么就是什么。

下面,我们就尝试用撒网法来观察一下景物,体会一下这种方法的妙用。

比如,一天,你和爸爸妈妈一起到市中心的公园游玩,突然下起了雨,你们就跑到小山顶的凉亭里躲雨。这时你来观察这雨中的景色。从凉亭望出去,你的目光就像一张网撒了出去。接下来就以你自己为发出点来观察,慢慢地往回收网。可以采用由远及近的观察顺序。

最远处是迷迷茫茫的,雨水织成的帘幕遮住了视线。再近一点,就是鳞次栉比的一栋栋高楼。因为你站在山顶,所以可以轻易地看到这些高楼灰黑色的屋顶连成一片,此刻正接受着雨水的冲刷。再近一点,就是临近的几个山包,雨水打在树木和草地上,使山中腾起一阵烟雾,像是到了仙境一样。就在你所在的凉亭脚下,有一条环山的小路。此时,有几个奔跑着的人一边笑着一边大步流星地往凉亭这边赶。他们从头到脚都已经被淋湿了,可是从他们的笑声里却听出了满满的欢乐。

大家仔细品味一下,这一段由远及近的观察,像不像撒网出去又慢慢收网的过程?这张网撒遍了山外的高楼,大家觉得撒得够不够大呢?其实不管多么大、多么辽阔的景物,我们都可以用撒网法来实现观察。

有一位古人用撒网法用得最好，他的这张网以自己为发出点，从东到西，把太阳和黄河都整个收入了网中。这个人是谁呢？他就是唐朝诗人王之涣，他用撒网法写出来的作品叫作《登鹳雀楼》。

白日依山尽，黄河入海流。
欲穷千里目，更上一层楼。

这首诗，后两句是想象和升华，前两句就是观察和描写。我相信很多同学很小就会背这首诗了，可是也许从没想过他的观察方法吧？

王之涣的这次观察就是以自己所在的鹳雀楼顶楼为这张大网的发出点的。他的目光就是手绳，可以说有千里万里长。目光投向远处，他用从西到东的顺序来进行观察。为什么说是从西到东呢？大家注意，第一句是"白日依山尽"，意思就是太阳快要落山了。太阳落山自然是西边。他看到的是一轮白颜色的太阳。可以看出王之涣观察得有多仔细，一般我们都说太阳是红彤彤的，可是他在登高远眺的时候，发现夕阳在黄河大浪的映衬之下，是发白的，所以他写了白日。这太阳可以说到了西边的尽头了。

从西边转过去再往东看，就看到了最东边，东边的尽头也就是大海。鹳雀楼在黄河边上，当然就是看到了黄河流入大海的澎湃景象。这张网是不是够气魄，够辽阔？

用撒网法最大的好处就是明确了一个观察思路，我们不必面面俱到，更不必瞻前顾后，因为大山大海这一类的景物对人来讲实在是太庞大了，我们绝不可能也没有必要面面俱到，只要以自己为发出点，以一定的方向为起始顺序，把观察到的景象描写出来，再加上自己的想象和修辞，就会是一篇很有内容、很精彩的文章。

下面是小宇同学写的一篇作文，这是一次游览庐山的观察笔记。他写的这篇作文与李白的《望庐山瀑布》有什么相同之处呢？他的撒网法，是以哪里为发出点和收回点的，他的观察顺序又是怎样的？

观庐山瀑布

今天清晨，我和爷爷、爸爸一起来到了庐山脚下。在我很小的时候就从李白的诗中知道这里有飞流直下三千尺的庐山瀑布。今天我就要看一看，它是不是真的像银河一样从九天落下来。

我们来到山脚下的时候，天还没有大亮，东方的太阳还没从被窝里爬出来。爸爸说，如果能赶在太阳出来之前到山顶去看看山景，那将是一次非常难忘的经历。我们就鼓足了力气，顺着秀峰的山道往上跑。

沿着山道往上走，渐渐地能够听到隆隆的水声，爷爷说，那一定是庐山瀑布的声响，我们循着水声继续往上走。

　　可是，走着走着，爷爷有些累了。爸爸说，爷爷上年纪了，不能太辛苦。我们就放慢了脚步。就这样，本来在我们脚下的太阳渐渐地赶到了我们前头。我们来不及到山顶和朝阳一同享受这秀丽的美景了。

　　我们还没有爬到山腰，那东边的峰顶已经被日光染红了。早晨的庐山被一片云蒸霞蔚笼罩了。爸爸说，我们不如停下脚步，就在这里看一看清晨的庐山。而且爸爸告诉我，其实李白写庐山瀑布的时候，就是在这个位置作为观察点的。我带着怀疑的心情，开始朝远处望去。

　　我的目光顺着一抹朝霞从东方投向西北方的秀峰时，一种不同寻常的景观呈现在眼前。那山峰顶尖下边呈现出一个圆形，像一个香炉。而更加令人称奇的是，那山间的霭霭云烟就像是从这香炉中升起的香火。尤其是这个时候的阳光和云雾相互缠绕着，居然呈现出了一种难得一见的青紫色。我当时简直怀疑自己是不是已经到了王母娘娘的瑶池仙境了。

　　顺着香烟环绕的山峰往北仰望，一道瀑布在鹤鸣峰和行龟峰的挤压中倾泻而下。人们能够从好几里外就听到它砸向谷底的声音，那声音好像老虎的吼叫，透露着威严和气势。这就是久负盛名的黄岩瀑布，也就是人们常说的庐山瀑布。这瀑布就像是一条飞驰骏马的白色马尾在落底之前轻轻甩起，又像是一道白色的长布从峰顶直挂而下。爷爷、爸爸和我望着这美丽的景色，心中激动不已。我想到了，正像爸爸所说的，李白当初写庐山瀑布的时候，应该就是在这个地方。既不是山顶也不是山脚。因为在山顶上看不到香炉峰青紫色烟雾升起的样子，也看不到瀑布正好挂在山上的样子。

虽然我们没有看到山顶的朝阳，但是看到了这样的美景也真是不虚此行了。这个时候，我想起了李白那首流传千古的诗句：

"日照香炉生紫烟，遥看瀑布挂前川。飞流直下三千尺，疑是银河落九天。"

这篇作文的小作者，观察角度非常准确，思路十分清晰，从头到尾撒网法的运用也非常娴熟。他"撒网"的发出点，就是他驻足的地方——山腰间，据说这也是当年李白写《望庐山瀑布》时观察的地方。选好了发出点，再用目光把网撒出去，这张网撒得可不小，一直到了东边太阳升起的香炉峰的峰顶。在描写了香炉峰的景色之后，他就开始收网，从东往西北方向收回目光。鹤鸣峰、行龟峰、黄岩瀑布，都逐一尽收眼底。这张网收回来，一篇写景抒情的作文自然也一挥而就。

细心的同学应该也注意到了，在具体观察景物的时候，撒网法为我们提供了观察的思路，同时我们还使用了放大镜观察法。另外，大家在观察宏大的场面，描写对象太多，不知道该如何进行选择的时候，还可以采用糖葫芦法来进行观察。总之，观察的方法不是孤立的，更不是彼此矛盾的，完全可以随意组合、灵活使用。

撒网法，在将目光作手绳撒出大网后，所采用的观察顺序比较简单直接，就是以观察者为中心，从左到右，从右到左，或者从上到下、由远及近地观察。而在我们写作文的时候，还会遇到一种特殊的题材叫作游记，需要我们写不止一处的景物，也就是撒网的发出点不只有一个。这种情况下，我们的描写顺序就可能不仅仅是空间顺序，还可能是游览景物的时间顺序，这在第二部分中还会详细地跟大家分享。

景色描写，
多种方法齐上阵，效果更好

有一种作文题，既不是要求写一个近处的静物，也不是写远处的大山，题目出得很模糊，很笼统，比如写一写

第一部分　摆脱"目中无物",让观察更有思路

田园风光,写一处自然景观。

　　这样的题目,在没有思路的情况下可能会觉得手足无措。但是,我们已经学习了那么多观察静物和景色的方法,其实,只要把他们综合起来运用,就不会觉得无从下手了。

　　比如我们拿到了一个要求写自然景观的作文题。如果是让嘉庆叔叔来写,我就会描写老家的景色。我的家乡在北京西郊的群山之中,那里的景色特别美。下面就用讲过的观察方法来给大家介绍一下,看看大家能不能在脑子里形成一幅自然景观的画面来。

　　从我的奶奶家走出来翻过一道山梁,就会有一大片平坡。春天到了,坡上的草绿了,野花开了,我经常在坡上找个地方一躺,把整个人躺成一个"大"字,晒着不算烫人的阳光,吹着醉人的春风,别提多解乏了。

同学请注意,接下来,嘉庆叔叔就要用撒网法开始观察了,我以自己躺下的地方作为发出点,把目光投向远方。

　　侧过身子往远处看,一片山梁挡住了目光的尽头。

　　最远处的山梁上长着一片苍翠的柏树。因为离得太远,无法把每一棵树都看得清楚,但是能够看得到每一棵都像一座

现在开始,我们将进行撒网法的第二步,就是按照顺序来进行观察。

屹立的宝塔。塔尖都直直地冲向天空，就像是一个劲儿地要往天上长。跟宝塔不同的是，它们不会一个个远远地躲着，而是全都密密匝匝地挤着、靠着。它们你搂着我，我贴着你，就像是亲密无间的好朋友，不管是经历风霜还是雨雪，都相互帮扶着，绝不会相互抛弃。

　　再往近看，是几道洼地，虽然不如远处的山峰那么陡峭，但是也不乏起起伏伏。当地聪明的农民，把这几块起伏的洼地也利用起来，种上了几排苹果树。现在远不是苹果成熟的季节，但是光那满树的青色的叶子，茂盛地长着，也让人觉得异常耀眼。尤其是那些苹果树叶子，在阳光的照射下，偶尔会泛出浅浅的绿光，更显得灿烂夺目。

　　也许是这片地并不平坦，也许是当地的人们有意留了这么一块地方，没有种植任何作物，野草野花就那么肆无忌惮地生长着。

> 我们把目光从远处的群山往回拉。目光所及，看看嘉庆叔叔都观察到了什么？

> 目光的网继续往回收，收到我眼前的这片草坡。

在我的身边长着很多或紫或黄的野花，零零散散，星星点点，就好像它们也是来这里踏青的小朋友们，高兴自由地、毫无队列地跑着。

在野花中最常见的要数那一朵朵白色的蒲公英了。我顺手拔下一朵，放在眼前，青绿色的梗，笔直笔直的，就像一只魔法棒。我特意查过，这个梗还有一个专门的名字，叫作花葶。花葶的顶端就是最惹眼的圆圆白白的花苞。不过听喜欢植物学的朋友说，这可不是花苞，而是蒲公英的果实。这应该是我们日常能见到的最奇怪的植物的果实了。它们一丛丛地团结在一起，好似一个把根扎在一起的鹅毛球。可是这个鹅毛球的根扎得实在是太不牢靠了，一阵小风吹来，它们就四散飞了起来，像是一个个撑起降落伞的飞行员，乘着风飞向很远的地方。这一个个飞行员其实就是蒲公英的种子，它们飞到远方落在地上就会在那里生根发芽，长出新的根茎来。

到了这里，就到了眼前，可以用到描写静物时所学的显微镜观察法。

我们刚才用了撒网法和显微镜观察法，观察了嘉庆叔叔老家这片山坡的景观，把这些观察的结果稍稍整理一下，是不是就成了一篇非常生动精彩的作文呢？

　　在这次观察中，我们看到了柏树、苹果树、蒲公英的花葶和叶，对这些植物的认识，其实并不是靠观察得来的，而是平时学习和积累的结果。在这里要告诉大家的是，要想写出好作文，尤其是这种观察类的作文，一定会遇到很多细节，有的细节就需要我们有一定的知识积累，最起码要知道观察的对象是什么。如果在作文里写"这个，那个"，老师和同学看到作文时可就是一头的雾水了。所以，大家平时一定要多注意积累，不仅要积累各种新鲜的词汇，还要对身边遇到的一切知识产生兴趣，多加学习。这样，在写作文的时候，就会更加得心应手了。

　　撒网法和显微镜观察法，在描写景观的时候可以活学活用。可以像观察山坡一样，从脚下发出，由远及近，也可以从脚下的静物观察开始，先用显微镜观察法，再把目光投出去，朝远处观察。

　　下面给大家分享一篇描写田园风光的作文，作者是一位四年级的同学，名叫小轩。这篇作文描写了他在国庆假期去姥姥家看到的花圃的景象。欣赏的同时可别忘了，想一想小轩同学是怎么运用撒网法和显微镜观察法来进行观察的。

记一处田园风光

今天是国庆节，我一大早和爸爸妈妈来到姥姥家。姥姥家有一大片花圃，妈妈告诉我，三岁以前，我是在这里生活的。

我们到达姥姥家的时候才不到八点，东边的太阳还在升起，可是姥爷、姥姥和大姨早已经开始为花棚卷帘子了。花棚里的花都怕冷，为了保证花棚在晚上也有一个暖和的温度，每天傍晚姥姥他们都会把草帘子放下来，清晨再卷起。

我和他们打了招呼，就三步并作两步地蹿进了大棚，直奔最里边的一块小空地。这是一块靠墙角的空地，大概有七八平方米，在这里姥爷用竹竿搭起了一个架子，撒上了黄瓜籽。每年国庆的时候，我都能吃到这里结下的新鲜黄瓜。我最爱吃这里结的黄瓜了，因为有一股甜丝丝、清爽爽的感觉，比妈妈从菜市场买的黄瓜好吃得多。

我来到黄瓜秧前，看到瓜秧上一片一片绿绿的黄瓜叶，就像一把把小扇子，遮挡着下面的黄瓜。我看到黄瓜，就迫不及待地数了起来，"一、二、三……"哈哈，这里挂着足有三十六根黄瓜。这些黄瓜的个头比菜市场的小得多，颜色也没有那么青翠，但是上面也同样长满了小刺，手摸在上面麻麻的。而且每一根黄瓜头上都顶着一朵小黄花，那花的颜色非常鲜艳，就像女同学头上戴的发卡。姥姥说，这里的黄瓜从来不打农药、不施肥，是完全靠着黄瓜自己的生命力长起来的。我从小就是吃这里的黄瓜长大的。

  数完了黄瓜，我抄起一根用力一揪就摘了下来。旁边有一个大水缸，我把黄瓜放在里边涮了涮，就大口咬了起来。那味道可真鲜、真甜。

  这时，整个花圃的大棚草帘都已经被姥爷、姥姥和大姨给卷起来了，太阳也已经升得老高。整个花圃里，所有的花都泛着光泽，让我一时有些睁不开眼睛。

  当眼睛适应了之后，朝整个花圃看去，这里可真是太热闹了。姥姥家接连有三处大棚，再往远处是一大片玉米地。玉米地里这个时候可是真热闹，满地都是横七竖八的玉米秸。玉米秸是绿的，可是很多叶子都是黄的，铺在地上，就好像是黄绿相间的地毯，让地里很难有下脚的地方。在地里，每隔十几步就有一大堆刚摘下来的玉米。大姨夫、姥爷和爸爸在那里用麻袋收着玉米。

第一部分 摆脱"目中无物",让观察更有思路

　　从玉米地里把目光收回来,花圃里的景象才是真的令人目不暇接。这个季节,正是瓜叶菊盛开的时候。姥姥每年春天都要种很多瓜叶菊,到了秋天,整个花圃都开满了紫色的花朵。虽然同样是瓜叶菊,但颜色也有很大的不同,有的是紫色的,有的是淡粉色的,还有的是深蓝色的。它们都一丛丛地开在地上,就像铺在地上的不同颜色的画卷。在我脚前的瓜叶菊,是蓝色的。我蹲下身子,看到脚边的一盆花骄傲地绽放着,八九片长长的花瓣凑在一起,守护着黄色的花心。盛开的花朵,像一个小孩子在那里高兴地大笑。

　　这时候,我看到花圃的另一头,姥姥和姥爷住的平房,烟囱里冒出了烟来。大姨从屋里走出来,冲我喊道:"小轩,过来帮大姨择菜了。"我大声答应着,又摘了两根黄瓜,在缸里涮了涮,就往平房跑去了。

　　这篇田园风光是不是写得非常生动有趣呢?尤其是对摘黄瓜和玉米地的很多描写,非常写实。这说明小作者平时真的有生活,而且仔细地观察过。大家注意到他是如何使用撒网法和显微镜观察法进行观察的吗?

　　我们来做一个简单的梳理。小轩这次不是先"撒网",而是先来到黄瓜秧前,仔细地观察和描写了黄瓜。然后,

再借大棚的草帘子卷起,将视线完全放开,看到了远处的玉米地。这就是在使用撒网法了。接着,他把目光由远及近地进行收网,从玉米地里的情境往回收,看到了大片大片的瓜叶菊,然后又回到脚下,再一次使用显微镜观察法,观察了一盆瓜叶菊。

将显微镜观察法和撒网法结合起来,活学活用,是不是效果特别好呢?大家在自己观察和写作的过程中,也可以随意搭配。比如,可以先用撒网法再用显微镜观察法,也可以把顺序调过来,还可以像小轩一样前后都用显微镜观察法,中间用撒网法,或者中间用显微镜观察法,两头用撒网法。

说到这里有的同学可能就糊涂了,两头撒网?怎么撒呢?

比如面朝大海,先用撒网法观察整个大海,再把目光收回来,观察脚下的沙滩,然后,把身体转一百八十度,再次撒网,把目光投向整个沙滩和海岸。这样也是一种观察方法,会有不一样的效果。总而言之,可以尽情发挥想象进行组合和练习。

第一部分 摆脱"目中无物",让观察更有思路

写一个场景,有人、有物、有景

在这一部分中,我们最主要的学习内容就是"观察",也就是从什么地方开始观察,观察的顺序和方法是怎样的。其实,这样的观察过程,就是想的过程。当拿到一个作文题时,首先就是要找到思路。很多同学之所以会出现不知道如何下笔、字数凑不够、描写不生动、千篇一律等问题,根本原因就是不知道该如何开始,也就是没有思路。

在观察人物的时候,我们分享了放大镜观察法、飞镖法、糖葫芦法;在观察动物的时候,分享了肉夹馍法;在观察静物的时候,分享了显微镜观察法;在观察远景的时候分享了撒网法。其实这些方法,表面上教大家的是观察的流程,实际上是思考的顺序。当面对作文题目完全没有思路的时候,就可以用这些方法,强行找到一个思路。用得多了,想得多了,思路自然也就会越来越多,越来越丰富。

所有学过的方法,都不是一成不变的,都是可以互相

融合、彼此贯通的。在这一小节中，我们就把前面所学的这些方法做一个大融合、大串烧。

在我们常见的作文题目中有一类是写一个具体的场景，比如热闹的运动会、大扫除、校门口，等等。从题目就可以明显看出，这些场景里面一定有人、有物，甚至有景、有事。涵盖了这么多的描写对象，究竟应该怎么开始呢？要如何观察，如何思考呢？下面我们举例说明。

场景1，大扫除

首先，不管什么样的场景，都会有一个大的范围。如果是在教室里打扫卫生，场景当然就是整间教室，如果是打扫健身房，场景当然就是整个健身房。这个范围，是不是和我们前面讲到的远景很像呢？所以我们就可以使用撒网法来进行观察。

假如你是一名值日生，今天放学后和小组的其他五位同学一起打扫教室。你的任务是擦黑板。擦到一半，回头一看，在整间教室里你会看到什么？这时，你的目光就像一张大网撒了出去，网住了整间教室。然后，按照从左往右或者从右往左的顺序来收网。比如从窗台那边开始，赵小明站桌子上擦玻璃，胡明明和李亮亮拿着扫帚在扫地。

此时他们已经扫了两排了。余子豪拿着拖布在他们后面拖地。教室门口,刚刚提了一桶水回来的王肖平,正站在教室门口喘着气。

把整间教室用撒网法观察一遍之后,问题马上就来了,究竟哪个人才是最应该重点来写的呢?那么,就要用糖葫芦法来进行筛选了。

前面讲过,当面对太多素材无法选择的时候,糖葫芦法是一个非常理性的方法。包括你自己在内的六位同学,除了扫地的两位同学是一组,其他同学都各有分工,那么就可以分成五个组,画出五个圆圆的山楂球。你对哪个人观察得最仔细,或者你觉得哪个人最值得进行细致的描写,就给他最高的分数,重点来描写他。比如你认为扫地的两位同学最值得写,那么就用放大镜观察法来观察这两个人。因为是写大扫除,所以观察的重点就是两个人的神态、动作、对话等。当这些观察都进行完了,一篇思路清晰,画面感很强的作文也就呈现出来了。

场景2,热闹的运动会

我想这个题目很多同学都遇到过。但是最大的麻烦就是,运动会上的人太多了,眼睛都看花了,究竟应该怎么写呢？下面我们就用几种观察法来看一看运动会的写法。

首先，确定你在运动会上是什么角色。这个角色也就决定了你自己是在什么位置上进行观察的。通常，你会坐在跑道外边的观众席上，观众当然往往也是啦啦队员。这时，你的目光，这张大网就用力地撒开了，撒向整个操场。我们一起来看看，这网里都有什么。

我们从远到近开始收网。最远的主席台上，有几位校长和老师在观看比赛。在主席台的最左边，有两名播音员，随时向大家播报着各种赛事的进程和比赛分数，还时不时地广播各个班级小记者送上来的诗歌、文章和报道。目光离开主席台，此时跑道的尽头，二百米短跑比赛的初赛即将开始，几名运动员正在起点做着热身准备。目光继续往回收，在操场上，三年级的同学正在比赛跳远，有三名裁判老师，八名运动员一轮轮地跳着。同时，在操场的另一侧，四年级的同学正在进行铅球比赛，其中还有你的同桌郭林帅。目光的大网继续往回收，这时，二百米短跑的发令枪已经打响。运动员卖力地跑着，身边的同学们都在为自己心中的小英雄呐喊助威。

用撒网法将整个操场上的场面网罗起来之后，就要用糖葫芦法来进行选择了，看看哪个比赛项目，或者哪几个人物细节是观察的重点。当然，如果实在是挑花了眼，不知如何是好，也可以采用飞镖法来选择。飞镖法给我们的其实就是一种半强制性的思路，当确定了观察的焦点后，自然也就有了思路。不管是重点观察跑道上的运动员，推铅球的同桌郭林帅，跳远的裁判和选手，还是身边的啦啦队队员，都是非常不错的选择。

在这里还要跟大家分享一个小经验。其实在写运动会的时候，不一定非要把运动员当作重点，描写裁判员、啦啦队也同样可以写出非常不错的作文来。因为运动员在运动会上是非常耀眼的明星，写他们的人很多很多，但其他的人也都有各自生动的表情和神态，也都很值得描写。这样的剑走偏锋，常常能够写出与众不同的效果来，令人印象深刻。

其实不仅是运动会，很多情况下不去写众人关注的焦点，而是写大多数人不会关注的冷门，往往会是不错的选择。比如，演唱会上不去重点描写歌星，而是描写观众，到了花园里不去重点描写花朵，而是描写刚刚吐绿的柳树，等等。这些崭新的角度，会让我们的写作水平得到非常迅速的提升。

接下来我们就一起欣赏一篇作文，《记一场激烈的乒乓球比赛》，作者是一名四年级的同学。我们看一看他的这篇作文，运用了哪几种观察方法，是如何巧妙融合的。

　　星期天的下午，我和小区里的几个好朋友，一起相约来到小广场的乒乓球台打球。

　　这一回，我们的规则是轮流上场，最后获胜的人就是我们小区的乒乓球之王，将接受所有人的顶礼膜拜。

　　这可是一场荣誉之战。经过一番厮杀，我这样的菜鸟不出意外地很快被淘汰出局。最后参与角逐的是刘亮和王小帅。刘亮的出线根本就在所有人的意料之中，因为他的爸爸是体育老师，他从小就喜欢打乒乓球，还曾经代表我们小区在区里的少儿乒乓球比赛中得过亚军。可打到决赛的另一位，就有些出乎人们的意料了。那就是王小帅。一年级的时候，他的身体素质是我们几个人中最差的，可是最近这一年多却越来越壮实了。他告诉我们是这一年多练乒乓球练的。起初我们以为他吹牛，可是他的表现却令我们都十分意外。

　　终于，两个人的决胜比赛打到了最后，两个人各赢了一局。已经到了决胜局的最后一个球了。不知道什么时候，乒乓球场里居然聚过来二三十个人。不仅有和我们差不多大的小孩，还有很多大人，围过来观战。

第一部分　摆脱"目中无物"，让观察更有思路

在人群外头还时不时地有人聚拢过来，但是大家都很自觉地站在了边线的外侧。

他们此时一个个都聚精会神地看着场中的两位运动员。我身边的一位阿姨抱着大约三四岁的小孩，孩子大喊了两句，那个阿姨马上举起一根手指挡在了孩子的嘴唇上，"嘘——"告诉孩子不要出声。

这时候，刘亮那身蓝色的运动衣已经出现了很多泥土印，因为他打球从来都毫不顾忌，为了救一个球，常常会往石头球台上猛趴，出了汗就直接拿球衣抹一把。此时他把短袖右边的袖子卷到了肩膀上边，双脚颠了几下之后，叉开站稳，摆好架势，眼睛直勾勾地看着对面的王小帅。

王小帅穿着一身白色的运动衣，他的前胸后背都已经被汗水浸透了，几乎贴在身上。他的左手拿着一只黄色的乒乓球，右手比画着。他的双眉紧紧地皱着，目光紧紧地盯着乒乓球。他将乒乓球在球台上弹了两下，又握在手里，深深地俯下身子，一动不动，凝视手中的球足有五秒钟。这五秒钟，我几乎听到了我自己的心跳声，周围的观众也没有一个人发出声音。

突然，王小帅把球抛到空中用力挥动球拍，乒乓球冲过球网，在对面的球台上弹了一下，飞向角落。刘亮立刻

张开手臂挥拍迎接。那颗黄色的小球随着"啪"的一声，又弹回了王小帅这边的球台。王小帅立刻将球轻轻一挑，只见那球轻轻往回一跳，刚一过网，就落了下去。刘亮一看可急了，这一次把整个身子全都趴在了球台上，伸出胳膊把球够了起来。

　　就这样一来一往，这个球足足打了十几个来回，场外的观众甚至连大气都不敢喘。只有两个小运动员的喘气声和脚步声越来越大。

　　突然，刘亮借着跳过来的球的力量把球拍平着往下狠狠拍去。这一下力量非常大，而且角度非常刁，打向了小帅那边球台的左角，而且弹出去好远。王小帅从另一个角跑过来，踉跄了两步，反手挥拍一挡。这一下虽然将球挡了回去，可是小帅也摔倒在地。那球高高地飞了回去。这一下，方向很偏，所有人都以为球会直接落地。可偏巧，不知道是从哪里来的一阵风，只见那黄色的乒乓球，突然改变了方向，啪嗒，落到了球台上。

　　这时人群中爆发出一阵热烈的掌声，大家都说，这两个孩子打球打得真棒。我们几个人把小帅抱了起来，宣布他成为小区的乒乓球之王。我一边抱着小帅，一边朝另一方看去，只见刘亮狠狠地将球拍摔到了地上，眼泪已经在

第一部分　摆脱"目中无物"，让观察更有思路

眼睛里打转了。

这时，王小帅赶紧走过去，捡起了球拍递给刘亮说："你才是最棒的，刚才如果不是那阵风，我根本赢不了。"刘亮有些不好意思地挠了挠头，笑着接过了球拍。

这可真是一场令人难忘的球赛，不仅因为激烈，还因为在这里有我们的笑声和眼泪。

这一场激烈的乒乓球赛，真是紧张得令人窒息，小作者的描写也是精彩纷呈。这篇作文运用了好几个观察方法，我们逐一来分析一下。首先，作者以自己所站的位置为发出点，"撒出一张网"，把所有围观的人们都网在了其中。然后，重点描写两个决战的少年，用放大镜观察法描写了两个人的衣着、动作和神态，尤其是两个人的眼神，刻画得十分细致。最后，使用显微镜观察法，用了较大的篇幅将最后一个决胜球的过程描写得细致入微，使读者和现场观众一样，有了同在赛场看球的紧张感。通篇作者并没有将整个比赛的每一局都做详细介绍，而是只抓住最后一个决胜球进行描写，这其实就是糖葫芦法的活学活用。这样，乒乓球赛的激烈场面也就足以使人身临其境了。

从人物到动物，从静物到场景，我们分享了很多非常实用且有效的小方法、小技巧。这些方法和技巧，其实就

是一些思路，一些面对描写对象如何动笔的路径和方向。熟练掌握这些方法和技巧，可以让我们在最短的时间内找到比较清晰的着眼点和有效的描写路径。但这些路径并不是唯一的，我们可以尝试采用不同的路径来完成这些方法的训练。比如在使用飞镖法时，采用某一个角度进行描写之后，可以换另一个角度来试试看，是不是又会有非常新鲜的感觉。这样的尝试会让大家的思路更加开阔，描写更加丰富和生动。

第二部分

屏蔽"语无伦次",让表达更富逻辑

学习了如何用"想"的方法来描绘观察到的事物，下面我们从另外一个维度来进行写作练习。那就是"说"，也就是表达。

"想"，是根据自己所观察的对象和目标，找到方法，进行思维上的练习和思路上的梳理。而"说"，是要用语言表达的形式强行把作文梳理出一个大的框架，把作文结构按照一定的顺序捋顺。"说"是一个逻辑梳理的过程，比"想"更加理性，比"想"更加深入。

我们将分享几种不同的表达顺序。掌握不同表达顺序的特点和优势，在今后的写作中能够更快更好地将思路梳理出来，写出更加精彩的作文。

"流水账"不用怕，
也许是优秀作文的开始

时间顺序，是事物发生、发展的顺序，也就是说，只要是记叙文就都可以用时间顺序来表达。时间顺序也是最常见的一种写作顺序。

我们在采用时间顺序写一篇作文的时候，可以用表述时间的名词，把时间标注得非常清楚，比如上午八点、中午十二点、星期一、四月六日傍晚等，我们把这种方法叫作时间刻度法。也可以完全不体现具体的时间，用表示时间先后顺序的词明显地交代出事情的发展顺序，比如，一开始，后来，紧接着，然后，末了，最后等，我们把这种方法叫作事情发展叙述法。此外，还有一种情况，从没有明确地体现过事情的先后发展顺序，但是一直都在描述事情的发展进程，其实这仍然是按照时间顺序在叙述，我们通常把这种方法叫作自然叙述法。下面我们逐一了解一下这三种时间顺序的写作方法。

第一种，时间刻度法。

需要把时间明确写出来的，一般是观察日记、周记，或者时间节点非常清楚的实验、讲座课程等。比如《一篇植物观察日记》。

1月15日，妈妈从市场买回来一颗水仙花球。妈妈先把花球的表皮剥开，然后切开了外皮，这是为了让水仙更好地吸收水分。1月20日，现在的水仙花球已经从最初的青黄色变成了翠绿色，水仙花叶已经长到了10厘米左右，而且根部还冒出了五六十根2厘米左右的根。1月22日，有一根疯长的花叶已经长到了16厘米，其他的也都长到了十二三厘米。下面乳白色的根，也长到5厘米左右了。

以上是最典型的时间顺序表达，这种表达方法最大的好处就是时间非常清晰，而且准确，但问题也很明显，就是显得文章过于死板，少了些生气和自由感。

第二种，事情发展叙述法。

这种方法往往用于描述具体的一件事，描述的内容通常比较笼统，具有概括性，脉络十分清晰。

今天，我要为妈妈做一道菜，那就是平时我最喜欢吃的西红柿炒鸡蛋。首先，我把鸡蛋打到碗里搅拌均匀。然后，再将两个西红柿去皮切成小块。紧接着，往烧热的油锅里倒入一点油。等油爆香之后，就把鸡蛋倒入锅中，摊成两面金黄的鸡蛋饼，盛出来。然后刷一刷锅，紧接着再重新起锅，将切好的西红柿倒入锅中，再下入炒好的鸡蛋。最后，经过一番精心的翻炒，美味的西红柿炒鸡蛋就出锅了。

事情发展叙述法，最大的好处就是能够将事情叙述得很清楚，听起来不费劲。但是，很容易让人感觉乏味。

第三种，自然叙述法。

这种方法在文学作品中是最常见到的，比如小说、故事等，大多采用这种方法来进行事情的推进描述。因为这种方法往往不直接体现时间刻度、先后顺序等名词，所以给人的感觉很灵活、生动，不刻板，很容易引人入胜。

比如《骑虎难下》，讲的是一个老猎人打了一天的猎，在树下休息睡着了。

老猎人正睡着，突然感觉自己的鼻子里蹿进来一股浓浓的血腥味。按照老猎人的经验，他很清楚，一般闻到这种味道，就说明周围有巨大的野兽。他眉头一皱，立刻睁开双眼。这下可把他给吓了一大跳，一只大老虎正在离他

第二部分 屏蔽"语无伦次",让表达更富逻辑

十几步远的地方,瞪着大眼看着他。那老虎嘴里的哈喇子都流出二尺长了,可以想到,如果刚才再晚醒哪怕一小会儿,他就成了老虎的点心啦!老猎人想到这,脑袋上出了一层汗珠。不过,他也是身经百战,立刻抓起了身边的钢叉,就准备和老虎拼命。

这一段写得扣人心弦,让人身临其境,虽然从头到尾没有一个表示时间的词汇,但明显还是按照时间顺序来写的。

有的同学在使用时间顺序的表达方法时,常常出现一个问题,就是像在写流水账,没有详略。这一点,嘉庆叔叔的观点是:不要怕写流水账,先用"说"的方式多多练习。流水账写多了,慢慢就会有详有略了。在这里,再提醒一下同学们,将我们前面学习过的糖葫芦法活学活用,可以有效避免流水账。后面还会详细分享这方面的技巧。

那么,如何用"说"的方式来呈现一篇优秀的作文呢?以巴金先生的著名散文《海上日出》为例,寥寥四百多字,却生动地写出了在海边看日出的胜景。从题目我们就能看出,海上是地点,日出是所要描述的事情。如果把太阳从完全看不到,到最后完全显露出来的这个过程分成三部分,就会很自然地形成"太阳没出现之前,太阳

开始露头到跳出海面,太阳完全显露在天空"这样一个顺序。

　　这样一来,我们就很清晰地把这篇文章的结构说清楚了,下面我们就来一起欣赏一下:

　　为了看日出,我常常早起。那时天还没有大亮,周围很静,只听见船里机器的声音。天空还是一片浅蓝,很浅很浅的。

　　转眼间,天水相接的地方出现了一道红霞。红霞的范围慢慢扩大,越来越亮。我知道太阳就要从天边升起来了,便目不转睛地望着那里。

　　果然,过了一会儿,那里出现了太阳的小半边脸,红是红得很,却没有亮光。太阳像负着什么重担似的,慢慢儿,一纵一纵地,使劲儿向上升。到了最后,它终于冲破了云霞,完全跳出了海面,颜色真红得可爱。一刹那间,这深红的圆东西发出夺目的亮光,射得人眼睛发痛。它旁边的云也突然有了光彩。

　　有时太阳躲进云里。阳光透过云缝直射到水面上,很难分辨出哪里是水,哪里是天,只看见一片灿烂的亮光。

　　有时候天边有黑云,而且云片很厚,太阳升起来,人就不能够看见。然而太阳在黑云背后放射它的光芒,给黑云镶了一道光亮的金边。后来,太阳慢慢透出重围,出现在天空，把一片片云染成了紫色或者红色。这时候，不仅是太阳、云和海水，连我自己也成了光亮的了。

这不是伟大的奇观么？

接下来我们就用"说"的方法，来架构一篇以时间顺序为表达方式的作文。

有一个学生叫小亮，在清晨的路边捡到了两只小狗崽。经过妈妈的同意，他收养了这两只小狗。偏巧那天老师让写一篇观察日记，他就想写下收留小狗的全过程。可是，他怎么也想不好该如何写，于是就找到了嘉庆叔叔帮忙。下面就把我们构思这篇作文的过程分享给大家。

首先，这件事是怎么开始的？是在路边发现了两只小狗。那么第一部分当然是写发现小狗的过程。

其次，发现了小狗之后，是怎么带回家的？小亮将两只小狗放进了纸盒子里，抱回了家。

接下来，征得了妈妈的同意后，做了什么？是给两只小狗喂奶。喂奶的过程，小亮进行了认真的观察。

然后，在妈妈和爸爸的要求下，又带小狗去了宠物医院进行了检查。

最后，将两只小狗又抱回了家。

以上就是小亮讲出的整件事情的全过程，其实在不知不觉中，他已经把作文的结构说了出来。这篇作文就可以按照发现小狗——带狗回家——给狗喂奶——检查身体——抱回家中的顺序来进行描写。

这就是一个很清晰的作文结构，而且是典型的用时间顺序表达的作文。为了避免流水账，我还和小亮探讨了一下，如果用糖葫芦法来区分，小亮认为哪个部分最重要呢？小亮毫不犹豫地把喂奶那个部分画上了一个大大的圆圈，其次是发现小狗和带狗回家，最后才是检查身体和抱回家中。这样也就很清晰地确定了各个部分的详略情况。

下面我们一起看一看小亮这篇观察日记的最终成果。

今天是星期六，我一早起来和爸爸到小区的广场上打羽毛球。回来的路上，我们经过一个果皮箱时，我听到了一连串呜呜嘤嘤的声音，那声音十分微弱，而且断断续续，就像是婴儿的哭声。

我和爸爸循着声音走到果皮箱的旁边，发现这声音就是从果皮箱里传出来的。会是什么呢？我刚要去碰果皮箱，被爸爸拦住了，他把我挡在身后，自己掀开了果皮箱的盖子。一股果皮箱特有的腥臭味传了出来，我和爸爸都侧过了头捏着鼻子。这个时候，一缕阳光射进了果皮箱，那里边的声音叫得更响了。我们正过脸来，一瞬间我的心被击中了。两只刚刚出生的小狗，相互依偎着躲在一个塑料袋里。它们一黑一白，已经冻得瑟瑟发抖了。

第二部分 屏蔽"语无伦次",让表达更富逻辑

  爸爸赶紧把它们拎了起来,这两只小家伙简直太小了,还没有爸爸的手掌大。也许是爸爸手掌的温度使它们感觉很舒服,很快,它们的叫声小了下来。爸爸看着这两只小狗,也露出了非常怜悯的神情。我们决定养下这两只小家伙。爸爸在我家楼下的小超市买了一桶奶粉,买奶粉之前,他还特意上网查了资料,刚出生的小狗只能喝羊奶粉。我们又跟超市的服务员阿姨要了个纸盒子,把小狗放进去,便拎着羊奶粉回了家。

  到了家里,妈妈一看,我们抱着个纸箱子还拎着一桶奶粉,就有些莫名其妙。爸爸讲了事情的经过后,起初妈妈有些不高兴,在我和爸爸的软磨硬泡之下,才勉强答应。不过,必须要去宠物医院做检查。只有检查过关才能养在家里。

  后来妈妈看到这一白一黑两只小家伙,听到它们可怜的叫声,也觉得应该养下来。于是开始给它们喂奶。爸爸很熟练地烫奶瓶,开奶粉,试水温。我问爸爸怎么这么熟练,爸爸笑着说:"你小时候,就像这两只小狗一样大的时候,还不都是老爸天天给你喂奶啊。"我冲老爸伸了伸舌头。老爸将奶嘴对准了小黑的嘴,小黑明显要比小白虚弱得多,眼睛紧紧地闭着,感觉到嘴唇前有东西便稍稍仰了仰头,但很快又趴下了。这时爸爸又使劲晃了晃奶瓶,几

滴奶水从奶嘴渗了出来。这次闻到了奶味，小黑伸出舌头舔了舔。没想到已经虚弱到叫声很低的小黑，居然张开了大嘴把整个奶嘴都叼了起来。大口大口地喝起了奶，我们都能听得到这个小家伙喝奶的声音。看到小狗喝奶，爸爸妈妈都笑了，这说明小狗真的可以活下来了。

爸爸用同样的办法喂了小白。小白吃饱后，我们又去了最近的一家宠物医院，经过大夫认真的检查，确定这两只小家伙都很健康。听到这个消息，我们一家别提多高兴了。于是，我们又给它俩买了小狗窝和垫子，然后兴高采烈地回家了。

在回家的路上，我给它们起了名字，白的那只叫赵云，黑的那只叫张飞。因为我最近正在看三国演义。

小亮告诉我，他从没想到过自己的日记可以写这么多字，而且写完之后自己感觉特别爽。因为他在写之前，用了说的方法，所以他知道每一段写完之后，接下来该写什么，哪里该多写，哪里可以写少一点。

小亮的这篇作文是典型的以事情发展的时间顺序来进行描写的。从发现小狗，到把小狗带回家，再到和爸爸妈妈一起去宠物医院。小作者将每一步都进行了叙述，这其中还详细描写了第一次喂奶的过程。一篇小狗收养记就这样完成了。

记录事情的过程，并不是一件难事，起初不要担心自己写得没有特点，不够丰富。先从流水账开始练起，写得多了逐渐也就能摸到门径，越写越能得心应手了。

像"剥洋葱"一样，找好方位顺序

描写事物除了时间这个维度之外，还有一个显而易见的维度——空间，也就是地理位置。

一般用到地理位置作为描写顺序的作文，往往是游记或者观光记。我们讲过面对大的景物或者场景，可以采取撒网法来观察和描写。用空间顺序来写游记，无非是在游走的过程中，每到一个景点或者位置就用一次撒网法来进行观察，再用糖葫芦法把描写分出详略，这样一篇游记也就写好了。这种方法如果用得熟练当然没有问题，不过，接下来要教大家一个新的方法——剥洋葱法。

大家吃过洋葱吗？试过剥洋葱吗？洋葱，是一层一层的。最外层的是紫色的薄皮，其次是青黄色或淡紫色的内层皮肉，层层剥下去，剥到最后是很小的一个洋葱心儿。在写一篇游记的时候，如果是站在景观的内部进行描写，直接用撒网法会非常恰当，比如前面写到的海景、山景。但我们也常常会遇到一种情况，就是先看到游览对象的整体或者远景，然后再逐渐地走近，甚至进入它的内部。这就需要像剥洋葱一样，先整体、再内部、一层一层、一个一个位置地进行描写。并且在落笔之前，一定要先用糖葫芦法确定哪个部分详写，哪个部分略写。首先还是要用"说"的方式，先将整篇文章的结构和行文顺序进行梳理，然后再开始写作。

大家都熟悉的一篇文章《南京长江大桥》，就是典型的采用剥洋葱法进行观察和描写的。

开头在简单地描写天气之后，就对大桥整体进行了描述，"波浪滚滚的江水中，9个巨大的桥墩稳稳地托住桥身。"接着又讲了22孔引桥，这是南京长江大桥这个"大洋葱"最外面的那一层。接着往下剥第二层，就是将大桥的结构开始细分，点明大桥分成两层，底下一层是火车道，上面一层是公路和人行道。

第二层洋葱剥开之后，紧接着是第三层，也就是走上了人行道，走进正桥。在正桥上，作者看到了工农兵塑像，看到了塑像后的桥头堡，又看到了仿佛等待检阅的玉兰花灯柱。

在剥开了最后一层洋葱后，作者非常巧妙地又将视线从里往外抛出,就像撒网法一样,描写了从大桥看向江上的景色,使整篇文章胸怀开阔,景象壮丽。

我们在看这篇文章的时候,还可以注意到一点,那就是最后一层,也就是作者走在桥上人行道上的这一段,写得最细致、最生动。说明作者对这颗"山楂球"情有独钟,在最初构思的时候,一定是将这个部分观察得最仔细,这就是那颗最大的"山楂球"。

下面我们就来具体运用。一位叫叶晓雯的同学,上个星期和爸爸一起参观了早就想去的汽车博物馆。在那里他不仅看到了很多世界各地奇形怪状的汽车,还了解了汽车发展的历史,更见识了充满科幻色彩的未来汽车。他可兴奋了,可是,回到家里,当爸爸要求他写一篇关于这次参观的游记时,他就有些傻眼了,不知道该怎么写,因为看到的新鲜东西实在太多了。

叶晓雯把他的苦恼告诉我之后,我就用剥洋葱法来帮他进行梳理,也就是先把思路"说"一遍。首先,我问晓雯这颗洋葱的最外层,也就是整体,有没有特点。这一提醒,晓雯眼前一亮,因为他太喜欢汽车博物馆的外形了,造型独特,与众不同。他说光是在博物馆大门外,就足足拍了十几张照片。我让他把外形最突出的一两个特点记下来,然后剥开洋葱的第一层。因为博物馆是一层楼一个主题，我们就把每一层楼当作洋葱的一层皮肉来剥开。

叶晓雯告诉我博物馆一共有五层，但第一层和第二层是安检和餐饮，没什么可看的。第三层是未来汽车，还有各种汽车游戏，第四层是汽车构造，第五层是汽车历史。我问他最喜欢哪一层，他不假思索地告诉我，最喜欢的是第三层，然后是第五层和第四层。

我让他按照糖葫芦法，把最大的山楂球，也就是最喜欢的一个项目确定下来。这一切工作都是用"说"的方式进行的。等到全部说完了，他的作文也基本成形了。下面就让我们一起来欣赏一下叶晓雯的这篇《汽车博物馆游记》吧。

星期天的上午，我和爸爸一起去参观汽车博物馆。说句心里话，我对这里可是向往已久，这里对于我这样一个小汽车迷来说真是充满了诱惑。

当我们远远地从过街天桥上看向博物馆时，我就深深地被它的外形吸引了。它不是死板的正方形或者长方形，而是一种非常奇特的流线型，像极了跑车外形的弧线。爸爸告诉我，如果从高空俯瞰汽车博物馆，将会看到一只美丽的眼睛冲大家露出笑意。听到这里我真的好佩服设计师的匠心独具。

第二部分 屏蔽"语无伦次",让表达更富逻辑

整个博物馆的外形都是由巨大的玻璃构成的,非常美观而且很有未来感,特别酷。我在门口一连拍了十几张照片。

因为提前看过攻略,所以我知道博物馆的一层和二层是安检和餐厅超市之类的,我和爸爸便直接上了三层。这可是我最喜欢的楼层,因为这里的主题是未来汽车。这里的汽车,有的自带浮力装备,可以漂洋过海;有的可以伸出螺旋桨,在天空飞翔。甚至,还有一辆红色赛车,在垂直的墙体上像壁虎一样行走。我看到这一切,和很多一般大的同学一样,一个劲儿地大叫,嘴张得都合不拢了。

在这一层,还有一个地方是模拟汽车游戏,每天只有四十个名额。经过漫长的等待,终于轮到我了。平时总是看爸爸妈妈开车的我,终于有机会自己当一回司机了。坐进驾驶室,系好安全带。脚下离合一松,踩上油门,一声发动机的轰鸣过后,我眼前的屏幕上就显示出了赛车道上的风景。一辆一辆的赛车在我耳边呼啸而过,我着急了,用尽全力去踩油门。接着,我也开始超车了。当我看着一辆辆赛车被甩在身后,别提多高兴了。突然爸爸喊了一声"小心",我发现危险时已经来不及改变方向了。一下子撞到了路边的石柱上,人仰马翻。比赛结束,当我从驾驶室

走出来的时候，我的手心都出汗了。

接着，我们来到了第四层，这里主要介绍汽车的主要构造。这里的介绍方式可有意思了，是把汽车的每一个零件都分散开来，据说足有上万个零件，并且用立体的方式吊在空中，让大家看得到每一个零件都在什么位置，有什么作用。我真的没想到，原来汽车这么复杂。

离开四层，到了顶层，也就是汽车历史主题馆。这里介绍了人们从直立步行，到汽车工业，再到交通领域的每一个发展历程。在这里我看到了古老的独轮车、马车、指南车、击鼓车，又看到了一百多年前，汽车刚诞生时的样子。那个时候，汽车是没有顶篷的，人们驾驶汽车，就像是驾着马车。而且，还要不停地添加燃料，稍不留神就会从车上摔下来。当然摔下来也不会有太大危险，因为那个时候的汽车速度并不比骑自行车快多少。

接着，我又看到了老爷车，也就是很老式的汽车。它们有的圆圆滚滚，像极了七星瓢虫，有的又长又方，很像火柴盒。

从汽车博物馆出来，我真的是意犹未尽，很舍不得。

这真是一场难忘的参观之旅。

欣赏完作文，大家是不是也很想去汽车博物馆参观一下呢？叶晓雯同学把自己的游览顺序用剥洋葱的方法一层一层地展示给大家，我们可以感受得很清晰，有身临其境的感觉。尤其是他开赛车游戏机时候的感受，描写得非常细致，我们都替他捏了一把汗。

想把复杂的流程写清楚？
先学"切蛋糕"吧

有一类作文非常特殊，既不是记录某一件具体的事情，也不是描写某一个人物，甚至不是描绘一个场景，而是将一件事情发生的过程进行完整的说明。我们常把这种文体叫作说明文。比如"我做了一项小实验""写出一本书或者一部电影的梗概"等，就属于这一类作文。

首先，我们必须明确一点，那就是这种作文写起来很像前面讲到过的时间顺序中的事情发展叙述法。没错，从时间的进程来看，这两者之间差异性不大，它们既是相通的，又有所不同。事情发展叙述法注重描写，更需要作者赋予感情，进行渲染，而这里要讲的流程的说明文，更需要将描写对象展示清晰，更需要理性，要减少感性和文学色彩。

下面，我们就来看看面对这种作文该如何应对。还记得我们这一部分的主旨吗？那就是拿到题目不要着急开始写，而是先想一想，说一说，捋一捋思路和叙述顺序。面对这种文体我们要采用的方法是"切蛋糕法"。

同学们大都有过切生日蛋糕的经历，不管多大的蛋糕，我们都要从最高的地方去俯瞰整体，再根据蛋糕的实际情况，比如哪里有奶油做的小花，哪里有水果等，决定下刀切开的位置。等蛋糕切开之后，就要根据切开的顺序逐个分给大家了。

切蛋糕法，就是先用"俯瞰"的方式，把整件事情的流程看作一个大大的蛋糕，再根据不同的具体情况进行切分，分成几块之后，再按照先后顺序逐个消化。

比如要求写的是动画电影《大闹天宫》的梗概。我们首先要对这个故事非常熟悉。它取材自《西游记》，从孙悟空龙宫借宝开始，一直讲到孙悟空把天兵天将打得落花流水，玉皇大帝仓皇逃跑。这就是我们要切的整个蛋糕。我们再来看看它可以分成几块呢？这里考验的就是大家的分析判断能力了。整个《大闹天宫》，这块蛋糕很大，但其实我们可以把它看成若干个小故事，每个小故事就是一小块蛋糕。

第二部分　屏蔽"语无伦次",让表达更富逻辑

　　第一个小故事是龙宫借宝;第二个是玉帝采纳了太白金星的主张,诱骗猴王上天,封他为弼马温;第三个是孙悟空在御马监得知被骗的真相,回到花果山;第四个是孙悟空自封齐天大圣,与天兵第一次大战,取得胜利;第五个是玉帝没办法,只好封孙悟空为"齐天大圣",让他看管蟠桃园;第六个是孙悟空听说蟠桃会没有自己,一怒之下毁了蟠桃宴,偷了仙丹;第七个是全片的高潮,玉帝大怒,派天兵天将捉拿孙悟空,双方殊死决战,孙悟空最终取得胜利。

　　根据以上的内容,把大蛋糕分成了七块。接下来,我们要弄清楚,哪一块应该大一些,哪一块应该小一些。这就要用到我们前面学的糖葫芦法,根据每一段内容和各个要素的不同,来设置大小。最大的一块,当然就是最后一段,全片的高潮,天宫大战。

　　我们通过切蛋糕法和糖葫芦法把这篇作文的大纲梳理完毕,也就是"说"了一遍,接下来就可以按照"说"的成果来进行写作了。只需要把刚才梳理出来的每一个小段,加上一些稍微具体的展开和说明,一篇清晰、有序、逻辑通顺的作文就完成了。在这里就不做具体的展示了。

　　下面我们来换一道作文题,看一看一位叫关羽彤的同学,是如何运用"切蛋糕法"来将一个实验的流程展现在

作文纸上，呈现在大家眼前的。

我做了一项小实验

如果我问你，将一张报纸放到一盆水里，会怎么样，你会怎么回答呢？也许你会脱口而出："这还用说吗？报纸肯定很快就会湿透了呀！"可是如果我告诉你，我能将报纸放在一盆水里一分钟，却不会湿，你相信吗？哈哈，我想，此刻你的嘴巴已经张大、眼睛也已经瞪圆了吧？

如果不相信，就请跟我一起做一个神奇的小实验吧。

不论做什么实验，都要先准备好材料。这个实验需要准备一张报纸，一个装满水的桶或者盆，一个玻璃杯和一个计时器。

首先，把报纸揉成团，然后塞进玻璃杯。注意，这一步有两个很重要的关键点，那就是揉得皱，塞得满。把报纸揉成团之后，打开，再揉成团，再打开。总之要把报纸揉得满布纹路，揉成像餐巾纸那样柔软。将再次揉成团的报纸塞进玻璃杯，尽可能地塞满，让柔软的报纸充满杯子的每一个角落，与杯沿持平。

接下来，将玻璃杯倒着扣进大桶或者大盆中。这一步也有两个很重要的关键点，一个是要扣得直，另一个是要扣得快。扣得直，就是杯子要与水面垂直，不能歪，不能斜。扣得快，就是要眼疾手快，一下将玻璃杯放入水底。

当玻璃杯放稳后，就开始计时，60秒后，取出玻璃杯。注意，在取的时候也要又直又快。

这个时候，让我们慢慢地取出水杯中的报纸。不要着急，一点一点地把报纸取出来，不要弄破本已经很柔软的报纸。

下面就是见证奇迹的时刻，当一整张报纸展开的时候，会发现它和进入水面之前一样，没有一滴水，还是干干的。

我在第一次做这个实验的时候，也感到非常吃惊和茫然，这到底是怎么回事呢？其实，道理并不复杂。因为杯子塞得足够满，再加上放入和取出杯子时又直又快，所以即使玻璃杯进入水里，也没有水进入杯中，拿出来的报纸当然就还是干的咯。

这个实验是不是很有趣呢？你做过哪些有趣又简单的实验呢？快讲给我们听听吧。

这篇说明文不仅整个流程讲得清晰，道理阐述得也非常明确，让人一看就会、一听就懂。关羽彤同学就是采用了切蛋糕的方法，先将小实验这块"蛋糕"切成了三块，又将每一块蛋糕的关键点提炼出来，再加上引出问题的开头，和一个阐明道理的结尾，整篇文章就显得非常完整了。

在写这种说明流程的作文时，嘉庆叔叔还有一个秘诀要告诉大家，不知道大家有没有发现，不管是讲清一部电影的梗概，还是做一个小实验，都是按照事情的发展自然推动的。也就是说，事情流程本身就是文章叙述的顺序。我们所有的方法，不管是切蛋糕法，还是糖葫芦法，都是牢牢地抓住这一点展开的。这一点，还需要大家在日常的学习和生活中多多实践和练习。

有时候，"倒着说话"，效果更好

前面我们讲述了三种叙述顺序，时间顺序、空间顺序和流程顺序，这三种顺序有一个共同点，那就是按照一定顺序由先到后地描写。这样写的好处是结构清晰，一目了然，但是下面要跟大家分享一个不太一样的叙述顺序——倒叙。就是把本该在后面讲的内容，放在前面来讲。

有的同学会问，倒着叙述？那不是打乱顺序全乱套了吗？注意，这里的倒叙，可不是把所有的内容全都倒过来，或者顺序全都打乱，而是把一些关键的、特殊的内容放在前面先讲，让读者对整篇文章产生兴趣，然后再从头开始讲起。其实，这样的叙述方法并不新鲜，甚至很常见。比如上一节中，关羽彤同学写的《我做的一项小实验》，就是先把"报纸放在水盆里不会变湿"这一实验结果告诉大家，然后才开始讲实验的过程。像这样让大家带着疑问来看作文的写法就是倒叙。

这种方法最大的好处就是能够吸引读者的好奇心和注意力。因为它往往是把最有意思、最吸引人的内容先带给大家，所以自然更容易引人入胜。举个例子，在讲成语故事《画蛇添足》时，不是一开始就讲一户人家请来很多工人办葬礼，葬礼后请大家吃饭，而是先说在一个院子里有一群人都蹲在那里画蛇，其中有一个人还在自己画的蛇肚子上画上了脚。讲到这里，第一次听到这个故事的人一定会问，为什么要给蛇画上脚呢？这时，不要急着回答这个问题，而是调转头来，从故事的开头开始讲起。

大家看，这样讲《画蛇添足》是不是更加有意思，更加吸引人呢？有的同学又会说了，既然倒叙法这么好，在写作文的时候，都用倒叙法多好啊！嘉庆叔叔要对有这样想法的同学说，千万不能有这种偷懒的想法。倒叙法虽然好，但也不是随处可用的，更不是可以随便用的。

首先，使用倒叙法来写的作文题材，往往都是故事性比较强或者明显有高潮转折部分的。比如，《画蛇添足》《惊弓之鸟》《亡羊补牢》等，包括我们提到过的报纸蘸水的实验，都是如此。如果是描写景色、场景、人物、抒发情感等类型的作文，就不适合使用倒叙法。

其次，在使用倒叙法的时候，一定要注意一个关键问题，就是切忌在文章一开头就把所有高潮的内容都讲完了。倒叙只是把高潮的一些内容放在开头，如果把所有的谜底都写出来了，读者便没兴趣顺着文章往下看了。如果《狐假虎威》一开头就讲一只狐狸走在老虎的前头耀武扬威，其实是为了借助老虎的威风吓唬小动物，《杯弓蛇影》先讲那个朋友喝掉了一杯盛有蛇的白酒，其实那根本不是蛇，而是墙上弓的影子，谁还有兴趣往下看文章、听故事呢？

所以，在使用倒叙法的时候，一定要记住一个原则：说一半，留一半，或者叫作说现象，留本质。《狐假虎威》中，现象是狐狸走在前面耀武扬威，老虎跟在后面鬼鬼祟祟。《杯弓蛇影》中，现象是一个人喝掉了小蛇得了大病，最后却不用打针、吃药，自己好了。这两个现象说出来，一定会让人浮想联翩，疑问不断。带着这些疑问，从头为读者展开故事，才会引人入胜。

下面我们来看一位同学写的一个小故事，也是一篇看图作文。这是一个由四幅漫画组成的故事，作者是刘明谦，他给这篇作文拟定的题目叫作《文明的距离》。

文明的距离

星期三的下午,刚刚放学的时候,在一条人来人往的马路便道上,两个小学生围在一个垃圾桶旁边,忙得热火朝天。

女孩子名叫周小燕,她正用手把垃圾桶旁的垃圾扔进桶内。一旁的男孩子,名叫吴小刚,明明看到周小燕在忙碌,却并没有帮她,而是趴在地上,在一张纸上,聚精会神地写着什么。

这些垃圾是谁丢的?是周小燕吗?吴小刚为什么不帮她?他又在写什么呢?大家要想知道这些问题的答案,还是听我从头讲起吧。

就在不久前,刚刚放学的周小燕和吴小刚结伴回家。当他们路过一个垃圾桶时,眼前的景象让他们停下了脚步。在这个垃圾桶的周围,落满了横七竖八的易拉罐、包装盒、碎纸屑、水果皮……

周小燕看着围着垃圾到处乱飞的苍蝇,皱着眉头说:"小刚,你看这些垃圾,堆在垃圾桶的旁边,简直太煞风景了,咱们把它们收拾好吧。"吴小刚点了点头,两个人便开始忙起来了。可是,两个人还没有把水果皮收完,就有一辆汽车驶过,有人从车窗里扔出一个苹果核,砸向垃圾桶。

只见那苹果核就像飞镖，垃圾桶口就像标靶，嗖——啪，飞镖没有中靶，苹果核落在了垃圾桶旁边。周小燕一看非常生气，跺着脚说："这人也太没有公德心了，下车走两步，再扔垃圾不行吗？"说完这话，便捡起苹果核扔进了垃圾桶。

这时，吴小刚眼珠一转，舔了舔上嘴唇，叫了一声："我有办法了！"于是，便把书包打开，从里边拿出了一张纸，又掏出了水彩笔，写写画画了起来。

周小燕一看他不再帮自己，却自顾自地画了起来，就叫道："吴小刚，你干吗呢？快来帮忙！"

只见吴小刚头也不抬地说："我现在就是在帮你忙呢，等一会儿你就瞧着吧。"周小燕不明白他在干什么，也没多问，继续忙活。等到她快把垃圾都拾进垃圾桶时，吴小刚也写完了。他把纸用胶带贴在了垃圾桶上，看到上面彩色夺目的字，周小燕高兴了，原来吴小刚写的是："文明，只差一步！"

这时，有一个中年人骑着自行车从这里路过，他刚要把手里的烟头远远地扔向垃圾桶时，突然看到了两位同学刚刚贴上的字，就赶紧推车走了两步，将烟头轻轻地扔进了垃圾桶。

两位同学看到这一幕，彼此会心地笑了。

《文明的距离》这篇作文就是采用典型的倒叙手法进行叙述的。小作者先把故事的第三幅画面展示出来,这看似很不合理的一幕,勾起了读者的兴趣。但是他并没有马上给出谜底,也就是眼前这一幕出现的原因,而是回过头来,从故事的起因开始讲起,然后再将整个故事铺展开来。整篇故事描写细腻,充满童趣,而且特殊的叙事顺序更是给人以不一样的阅读感受。

前面给大家列举了一些成语故事,讲解了如何用倒叙法来讲。为了更好地掌握倒叙法,大家可以多加练习。比如《叶公好龙》《买椟还珠》《滥竽充数》等,这些耳熟能详的成语故事都可以作为练习的素材。

插叙,让作文更充实,内涵更丰富

插叙,和前面四种叙事方式都不太相同,严格地讲,它不仅是一种叙事方式,更是一种叙事技巧。

什么是插叙呢?插叙就是在所写的文章中,突然插入一个内容,看似和原本叙述的情节、内容没有关系,但是又对整篇文章起到非常重要的推动作用。这样讲起来,可能同学们会觉得一头雾水,下面举例来说明。

熟悉《按图索骥》这个故事的同学应该都知道，它讲的是伯乐的儿子为了学习相马，整天抱着相马类的书看，却从来没见过真马，最后，把一只青蛙当成了千里马的故事。为了把故事讲得更加丰富，让听者对故事背景了解得更多，通常在讲到伯乐的时候，会进行解释："伯乐，是古时候一个非常有名的相马高手。他最擅长寻找千里马。"然后，再把伯乐相马的高超技术讲一讲。这种为了增加故事的丰富性，插入介绍伯乐的内容，就叫作插叙。

　　一般来说，插叙有两种作用，一种是为了让文章的内容更丰富，让读者更容易理解，《按图索骥》中的用法就属于这种；另一种是作为铺垫，使故事的情节更加感人、深入人心。

　　比如，一位同学是这样写《记感人的一件事》的。

　　新学期到来，整夜加班的母亲回到家后，不顾疲惫为小作者的课本包上新书皮。在讲到母亲加班的时候，小作者对母亲的工作进行了插叙，讲述自己有一次去母亲的工厂，看到母亲忙碌的身影的经历，写得惟妙惟肖。这一段插叙看似与包书皮没有关系，但是作文的结尾，小作者这样写道："清晨醒来，看到书包里包上书皮的课本，母亲在工厂忙碌的身影一下子浮现在了自己的脑海里。"当然，也浮现在了每一位读者的眼前。这样的插叙，就为整篇作文的感人情节做出了非常重要的铺垫。

讲到这里,有的同学可能会说插叙和倒叙不是一回事吗?不就是把原本放在故事开头的倒叙,放到了故事中间吗?这种想法,有些道理,但稍微有些偏颇了。插叙和倒叙,虽然都是打破了常规的叙述顺序,但还是有很大区别的。

首先,两者打破顺序的位置不同,一个是在故事开头,一个是在故事中间。这点不用多说。

其次,倒叙的主要作用是开篇吸引大家的注意力,从而更好地用故事悬念引领大家进入故事情境,更清晰地点出故事主题和核心思想。但插叙却没有这个功能,它的主要作用是对故事情节中可能造成歧义的内容加以解释,抑或是作为铺垫强化故事的核心思想。

最后,两者容易产生的弊端不同。倒叙的弊端是,如果使用不当,容易在开头就把文章的谜底暴露出来,丧失了高潮部分的精彩,而插叙的内容如果选择不当或者不够精彩,容易使故事的整体结构发生偏差或者跑题。

下面我们看一篇使用插叙技巧写的作文。这篇作文题目叫《胜似亲人》,作者是李宇然同学,他是根据一幅同名油画来进行写作的。这幅油画上画着一位苗族老奶奶和一位汉族小女孩相拥,那么其中又有怎样的故事呢?我们一起来看看吧。

胜似亲人

在一个遥远的小山村，全村都是苗族人，只有一个汉族家庭。这个家有三口人，爸爸、妈妈，和八岁的女儿苗苗。爸爸妈妈来这里做支教老师。

在苗苗家的隔壁住着一位老奶奶，这位老奶奶皮肤黝黑，皱纹堆垒，一双干枯的手就像两枝枯树枝。老奶奶每天都穿着最朴实和传统的苗族服装，进进出出也只有她一个人。在搬来这里几天后，苗苗和老奶奶熟识了。原来老奶奶的两个儿子、儿媳，还有一个孙女都出外打工了，只有她留在村子里看家。

有一天放学，老奶奶隔着院子的篱笆朝苗苗招手。走过去才知道，原来老奶奶做了香喷喷的油茶，让苗苗来喝。苗苗端起一碗，香味早就蹿到了鼻子里，说了声谢谢，苗苗就大口大口地喝了起来。

这油茶是苗族特有的一种美食，用油炸的爆米花掺水炒成茶，又甜又苦，专门用于招待贵宾。这里还流传着一个说法，那就是喝过这家的油茶后，就和这家成了最亲的亲人。

苗苗边喝着，边看到老奶奶坐在门槛前，戴上大大的花镜，在针线篓里捻出一根绣花针，又择出了一根红线，想把线穿进针眼。可是老奶奶的手抖得太厉害了，半天也穿不进去。看到这里，苗苗赶忙放下手中的油茶，走过去接过老奶奶手中的针线，很快便把针线穿好了。老奶奶笑着说："哎呀，苗苗可真是个灵巧的孩子！"

老奶奶缝起了一个荷包，那荷包上绣着一只百灵鸟在唱歌，针线十分细密。奶奶说，这荷包是给自己的孙女缝的。孙女今年正好也是八岁，和苗苗一般大。缝制荷包时，老奶奶的手颤抖个不停，每一针都很慢很慢。看到这里，苗苗说："奶奶，您的手？"奶奶一边绣着一边叹了口气说："唉，年轻时受了风湿，落下了毛病。"

老奶奶说着，苗苗正巧看到了门旁放着一个大盆，盆里盛满了衣服。她立刻走上前去，拿起水桶就往盆里倒水。老奶奶看见了，急忙过来拦住："苗苗，你这是干啥？"

苗苗说："奶奶，您的手不好用，我来帮您洗衣服。"老奶奶又拦着说："使不得，你这么小一个女娃娃，怎么能做这个？奶奶我做得了！"苗苗站起身说："奶奶，喝过了您的油茶，我就是您的孙女。您的亲孙女不在家，我就该替您干活啊。"说着，就继续往盆里倒水。

老奶奶见拦不住苗苗，就只好又坐回了门槛前，继续缝制荷包。

等苗苗洗完了衣服，都晾在了衣杆上，直起身对老奶奶说:"奶奶,家里还有什么要干的活吗?我帮您。"这时,老奶奶对苗苗说:"孩子,奶奶想把这个送给你。"奶奶颤抖着把刚刚缝好的百灵鸟荷包放到了苗苗的手里。

苗苗睁大了眼睛说:"奶奶,这不是您绣给您孙女的吗?"

老奶奶笑着说:"你刚才不是说了吗?喝过了我家的油茶,你就是我的亲孙女。这荷包就是绣给你的。"

苗苗高兴地叫了一声"奶奶",老奶奶将苗苗搂到了怀里。老奶奶的嘴角露出微笑,一滴泪水从她的眼角慢慢滑落。

这篇满怀深情的《胜似亲人》,给我们展示了一对没有血缘关系、不同民族的祖孙,不是亲人胜似亲人的真情实感。从这篇作文中大家能看出哪里用到了插叙吗?没错,就是油茶。在插叙中讲述了油茶在苗族的民俗习惯和它特殊的含义,不仅增加了内容的丰富性,而且为后面苗苗和老奶奶的两次感情升华做了很重要的铺垫。也可以说是"胜似亲人"这个主题的重要推手。最关键的一个点睛之笔就是"喝过这家的油茶后,就和这家成了最亲的亲人。"后面,不论是苗苗为老奶奶倒水干活,还是老奶奶将亲手绣的荷包送给苗苗,两个人都提到了这句话。这两次与插叙内容的呼应,十分巧妙地将两个人的感情升华到了一个新的高度。

要用好"插叙"这种写作方法,需要大家更多地摄取方方面面的知识,还要多思考,巧构思。不断练习才能让这种方法成为作文更上一层楼的有力推手。

综合运用五种写作顺序

在本部分中,我们一共学习了五种写作顺序以及方法,包括时间顺序、空间顺序、流程顺序以及倒叙和插叙。掌握了这五种叙述方法,在面对常见的记叙文和说明文题目时,就不会束手无策,不知如何下笔了。

比如,记叙一件事情,可以直接按照时间顺序将其按段落捋出来;写一篇游记,可以按照剥洋葱法,由外到内、由表及里地层层剥开;写一篇说明文,可以用切蛋糕法将其按照流程逐一切开,一块块地呈现出来。为了让作文的叙述更加丰富和生动,引人入胜,在叙述顺序中,还可以采用倒叙或者插叙的方式。

这五种写作方法,不是彼此孤立,毫不相干的。在写一篇优秀的作文时,往往可以应用两种甚至三种叙述技巧。那么如何综合运用呢?

将时间顺序与插叙紧密结合。

比如，在写一篇植物观察日记时，理所当然地会按时间顺序进行记叙，每一天植物都会有哪些变化，是不是破土了、吐芽了。还可以观察每一天的培育工作，浇水、松土，或是从室内移到室外，让植物享受阳光。虽然每一天记录的内容不同，但这样的记录势必缺乏生动性，让人觉得乏味。这时就要用到我们学过的糖葫芦法了，选择一天或者两天进行详细描写，其他的日子简略描写。同时，思考一下，是否可以用插叙的方式，讲一讲这种植物的信息，比如生长习性、生长周期以及价值和用途等。这样写下来的一篇观察日记当然就丰富多了。

将时间顺序、空间顺序和插叙相结合。

比如，拿到《那次玩得真高兴》这个作文题目后，打算写一次和爸爸妈妈去游乐场的经历。可以按照时间顺序或者空间顺序记录一天的游玩内容，但是这样单纯的记录很容易写得平淡无味。如何才能写得生动而又丰富呢？一方面，可以用糖葫芦法，仔细想清楚在游玩的过程中，哪一个项目，或者哪一件事令你最高兴，就详细记录这一件事。比如，坐过山车，你觉得非常刺激，当时心都快跳出来了，那么就重点写这一件事。然后，再考虑用倒叙法，把坐过山车之前担心、兴奋、期待的感觉先写在作文的开头,给读者抛下一个问题,为什么一次游玩会有这种感觉呢?再从头开始记叙,逐渐引入到过山车这个全文的高潮部分。最后在紧张刺激的欢乐气氛中结束全文。

总而言之,叙述的顺序和技巧可以灵活运用,自由组合。下面我们来看一篇记叙文《我敬佩的一个人》,看看这篇作文采用了哪些叙述方法和技巧。

我有一个小相册,里面全是我自己的照片,从我出生,一直到现在。但是翻到第七页,会发现有一张照片是一位高大英俊的大哥哥。他的脸庞黝黑黝黑的,笑容灿烂而又憨厚。你也许会问,这是谁呀,为什么会出现在我的个人相册里?哈哈,我要是告诉你,我根本不认识他,甚至不知道他叫什么名字,你会相信吗?

要揭开这个谜团,还要从三年前的夏天说起。

那是暑假最后的一个星期天,再过几天开了学,我就上二年级了。妈妈带我来到北京的天安门广场。在妈妈的带领下,我参观了天安门,在人民英雄纪念碑前拍照留念。那时正是下午三点多,天安门广场上的大理石地面被灼热的阳光晒得滚烫,我的凉鞋鞋底似乎都要被烤焦了。我伸手接过了妈妈手里的水壶,咕咚咕咚地灌下了半壶冰凉的绿豆粥。我抹了一把额头上的汗珠,不经意间看到了远处国旗杆下的两名卫兵大哥哥。

在那样的天气里，广场上的温度少说也有三十七八摄氏度，人们都恨不得躲到树荫底下不出来。可是卫兵大哥哥却穿着整齐的军装，戴着大盖帽，脚穿黑色的军靴站在阳光下，就连领口的扣子都紧紧地系着。我不知不觉走到了大哥哥的面前。这时我看到他的额头满是一颗颗豆大的汗珠，太阳穴上两颗汗珠合在了一起，顺着他的脸颊滑落到下巴，然后一滴滴地掉落在他的胸前。他的前襟已经被汗水打湿了，然而他却手端钢枪，一动不动。

看到这里，我从兜里拿出了手帕上前两步，妈妈突然拦住我说："你要为卫兵哥哥擦汗吗？"我点了点头，妈妈接着说："他们是在执行护旗任务，国旗神圣不可侵犯，他们是国旗的守卫者，即便流再多的汗，也不能用手去擦，我们也不能轻易地接触他们。"听了妈妈的话，我把手收了回来，直直地挺了挺身子朝着卫兵哥哥敬了庄严的少先队礼。

离开了卫兵哥哥，我和妈妈又在毛主席纪念堂外面参观。到了傍晚，我依旧依依不舍地徘徊在广场上，欣赏夕阳的余晖打在人民大会堂的景象。突然，一个铿锵有力的声音在我耳边响起，"同学，能麻烦你帮我照张相吗？"

我转头一看，原来是一位大哥哥举着相机递到我面前。

我看着他的眼神有几分眼熟，仔细一看，原来就是刚才守卫国旗的卫兵大哥哥。大哥哥也认出了我，他笑道："原来是你！"后来，我才知道，大哥哥已经守卫国旗两年了，还从来没有在人民英雄纪念碑前照过相。今天终于有机会在完成护卫任务后，来广场上拍张照。没想到这么巧，又碰到了我。

我端起相机，看见眼前憨厚的大哥哥露出灿烂的笑容。我的手有些抖，因为我亲眼看到，国旗护卫兵哥哥是用怎样的意志和力量护卫着庄严的五星红旗。在一旁的妈妈帮我扶住相机，同时也用相机留下了这珍贵的照片。

我把这位哥哥的照片放在了我的相册里，多年过去，每当我翻起相册看到他，还会想起那一天他额头流下的汗打湿前襟的情景。这位解放军哥哥，还有千千万万的解放军哥哥，是我心中最敬佩的人！

读完这篇作文，大家有没有被故事中的人物所感动呢？我们回过头来分析，这位小作者采用了哪些叙述方式呢？首先，他采用了倒叙的方式，先介绍了照片中的情景和人物，给读者留下了悬念。然后开始用时间顺序叙述了自己和妈妈参观天安门广场、看到护卫兵哥哥，后来又与哥哥巧遇的事情。这里将时间顺序和倒叙巧妙结合，让整篇作文情节清晰、细节丰富、内容感人。

作者匠心独具地通过一张照片，把我们带到了多年前的一桩往事，这是典型的倒叙方法。而在叙述往事的时候，又清晰地运用了时间顺序。在结尾处，又通过那张老照片，与开头遥相呼应，把读者的思绪带回现实。这样巧妙地将两种不同的叙述顺序融合在一起的写作方式，在作文中是经常被运用的。不仅倒叙和时间顺序可以组合，插叙和空间顺序，倒叙和流程顺序都可以任意组合，甚至还可以将三种叙述顺序同时运用。建议同学们多读好书、好文章，多思考，看得多了、练得多了，自然也就熟能生巧，得心应手了。

本部分的"说"归根到底就是厘清整篇作文的结构，相对于第一部分的"想"而言，是从一个更加宏观的角度对写作进行了思考。在落笔之前，先确定写作顺序，并能够将作文按照既定顺序"说"一遍，在写作的时候，就会有一种畅快淋漓、水到渠成的感觉。这里的"说"，不要理解得过于刻板，它可以是将作文按照写作顺序出声地讲一遍，让自己听或者讲给别人听，也可以是自己在心中默默地想一遍，当然也可以用笔在纸上将作文结构按照写作顺序，按步骤列出来，其实这也就是我们常说的列大纲。

第三部分

告别"味同嚼蜡",
让呈现更加精彩

前面的内容都是从整体着眼，学习观察方法，梳理写作顺序。掌握了这些方法和技巧，面对作文题目就不会不知如何下笔了。但是，我们不能就此止步，还要有更高的追求。那就是要让作文更加优秀、抢人眼球，让每一篇作文都能令人耳目一新、啧啧称叹。高分作文一定有其规律和技巧，下面我们就将这些技巧一网打尽。

想让文章紧扣主题?
"蜘蛛"才是个中高手

大家在写作文时,常常会遇到一个令人头疼不已的问题,那就是"跑题"。

跑题就是写作的内容和题目不相符,没有反映出中心思想。与跑题相对的是紧扣主题。紧扣主题不仅会令作文获得读者的青睐,还会赢得高分。紧扣主题,是一个写作要求,更是一个必不可少的写作技巧。

下面就教大家一个紧扣主题的方法——蜘蛛网法。

大家肯定见过蜘蛛网,只要有足够的时间,一只小小的蜘蛛也可以织出一张巨大的网,捕到美味的猎物。但不管这张网有多大,它都一定会有一个中心,那就是蜘蛛起始的地方,而且不管这张网的边缘有多广,都一定只有一个中心,一定是从那一个中心发散出去的。

在写作时,就要学习蜘蛛织网的方法,不论什么内容都要从最初的中心出发，并且始终确定有且只有那一个中心。

那么，"蜘蛛网法"究竟该如何使用呢？下面我们就细细道来。

第一，开头结尾，紧抓不放。

从现在起就把自己想象成一只大蜘蛛，当然也可以是蜘蛛侠。以作文题目为中心，先吐出两条丝，一条抓住开头，一条抓住结尾。就是开头和结尾一定要体现主题，体现中心思想。

比如，在写《大自然的启示》时，可以用开篇点题法设计一个开头："秋季南飞的大雁，冬日安眠的狗熊，夜晚飞翔的蝙蝠，白天捕猎的豹子。它们都是大自然的生灵，它们的一举一动，看似平凡，却都有着绝不平凡的故事，也都会给我们无尽的启示。下面我们就来一起看一看大自然给我们的这些启示。"

再用启发联想法，进行结尾："大自然有太多的神奇，等着我们去发现，等着我们去体会。说不定这些启示，能给我们的未来带来无尽的美好和超乎想象的改变。当我们置身于大自然中，发现了什么与众不同的奇妙吗？面对这些，又得到了怎样的启示呢？"

关于开头和结尾的方法以及如何根据题目进行开头和

结尾的综合设计，后面会详细讲解，在这里就不赘述了。总之，头两条蜘蛛丝要先抓住开头和结尾。

第二，确定顺序，步步为营。

在"说"的部分，我们讲了几种顺序，在这里，我们要根据主题确定运用哪种顺序，并且确定是否使用倒叙或插叙。确定顺序之后，还要保证顺序中的每一个段落或者步骤都是紧扣主题的。用一根根蜘蛛丝织出第二圈网。

还是以《大自然的启示》为例。因为大自然的启示太多，我们可以先预设一个小标题，比如苍蝇和照相机。可以按照科学家们通过苍蝇复眼获得启示的流程顺序来进行设计：发现苍蝇的神奇——发现复眼的与众不同——研究复眼——产生联想获得启示，将复眼的特点用在了照相机上。

第三，糖葫芦法，确定详略。

蜘蛛网虽然织起来了，但还得确定哪里要织得更密一些，哪里可以少下些功夫。那就需要用到之前学过的糖葫芦法，确定不同素材的详略、轻重。原则就是，哪些内容和主题的关系近，就多写一些；哪些内容和主题的关系远，就少写一些。

既然主题是《大自然的启示》，那么获得启示的过程一定最需要详细写，而发现苍蝇的神奇和复眼的与众不同，点到即可。研究复眼的功能特点以及获得的启发、应用，需要详细写。

第四，确定结构，严格执行。

在具体动笔的时候，要采用各种写作技巧，进行展开。在教学过程中，嘉庆叔叔发现有一些同学在最初设计开头和结尾时，"说"出的写作顺序都很好，但落实到笔头的时候，往往就会脱离预设好的结构，也就是蜘蛛侠离开了那张蜘蛛网，另外开始织网了。那么这张网就不是一步一步从中心出发的了，很容易发生跑题的现象。所以，在这里要提醒大家，写作的时候，一定要在进行每一个步骤前，想一想这一步是否是按照预设好的结构写的。一张严谨的蜘蛛网，织好了就不要打破。

下面我们来看一篇范文，是由孙慧婷同学写的《大自然的启示之萤火虫的光》，通过这篇作文来研究一下她是如何通过蜘蛛网法实现紧扣主题的。

我最喜欢看的电视节目，叫《人与自然》。因为在这个节目里，能看到大自然中最神奇的镜头。非洲的雄狮，澳大利亚的考拉，南极的企鹅，当然还有中国的大熊猫。它们身上有探寻不完的谜题，给了人类无穷无尽的启示，更给人们的生活带来非常深远的影响。

今天我要给大家介绍一个再普通不过的小昆虫，正是它的启示给我们带来了意想不到的变化。这个昆虫就是萤火虫。也许你会说，萤火虫有什么稀奇的？夏天的时候，到处都能看得到。

可是，你有没有思考过萤火虫的光是怎么来的呢？为什么那么小的虫子，能够发出那么亮的光芒呢？而且，还久久不灭。还有一点是最神奇的，发光的东西一般都会热，比如煤气灶、蜡烛、火把等，可是不管把多少只萤火虫集合在一起，都感受不到一点儿火热，这又是为什么呢？

怎么样，被我问倒了吧？

下面就来听我讲一讲这些问题的答案吧。

其实，这些问题早在很久以前就有科学家想到了。他们捉来了很多的萤火虫，通过研究发现，萤火虫发光的部位是腹部末端。这个特殊的发光器由发光层、透明层和反射层三部分组成，发光层拥有发光细胞。每一个萤火虫虽然只有那么一点点，但是却拥有几千个发光细胞，发出的光亮极强,再加上反射层的反射,使光亮进一步加强,通过透明层向外射出。这就是为什么一只小小的萤火虫却能发出那么大光亮的原因。

早在20世纪40年代,这个原理就已经启发了科学家,研制出了日光灯,也叫荧光灯。从燃烧钨丝的灯泡,到日光灯,可以说人类的照明技术向前迈了一大步。

如果你觉得,萤火虫对人类照明的启示就到此为止了,那可就大错特错了。

科学家将萤火虫的发光细胞解剖,通过显微镜进一步放大,终于发现萤火虫发光的终极原理:原来发光细胞中有荧光素和荧光酶,这两者再加上一些物质和水的相互作用,就能形成光亮。并且这种光亮只需要极其微小的能量就能维持非常久的时间,还完全不产生热量。

这个发现实在是太伟大了。科学家仿照萤火虫的发光原理,合成了荧光素和荧光酶,最终发明了人工冷光。你知道吗?在我们的生活中时时处处都有它的影子,比如,电脑,音响,电器上的荧光板,所有楼里都能看得到的安全通道指示牌,夜里提醒人们注意的交通警示牌。尤其是矿坑深处,漆黑一片但又不能点火照明,这种冷光灯就成了最理想的照明设备。

怎么样？没想到这小小的萤火虫竟然这么了不起吧！

当然，最了不起的还是科学家，他们从萤火虫的光亮获得了启示，得到了如此大的收获，使人类有了如此大的进步！

同学们，在大自然中，还有无尽的未知等着我们去探索。我们一起睁开探索的眼睛，一起去寻找，一起去发现更多大自然给我们的启示吧！

这篇作文可以说紧扣主题中的"启示"二字。不管是开头和结尾的呼应，还是中间关于萤火虫的启示，按流程展开都是如此。尤其令人惊喜的是，作文中指出，日光灯和冷光灯这两次人类在照明上的进步，都是基于萤火虫的光亮带来的启示。这样的递进，不仅提升了作文的高度，更进一步紧扣题目。孙慧婷的这张"蜘蛛网"真是织得又密又牢。

织一张大网，就像画一幅画，写一幅字，在落笔之前就要对通篇的布局安排有充分的预设。只是，要使这张网更加结实，结构更加合理，从中心点发出的每一条丝线都必须步步为营。胸中有丘壑，再加上精心的布局和细致的行文，相信大家一定能织出一张又大又密，又结实的"网"来。

平步作文江湖的五种开头

我想同学们都听过"凤头猪肚豹尾"的说法,即一篇作文,开头要像凤凰一样绚丽夺目,中间要像猪肚子一样肥厚有料,结尾要像豹子一样有力迅捷。

那么,开头怎样才能写出"凤头"的感觉呢?其实,开头并没有多么神奇。只要掌握常用的开头方法,并加以巧妙运用,就会取得意想不到的效果。下面就向大家介绍五种有效的开头方法。

开门见山法

开门见山法是记叙文中最常见的开头方法,就是在文章一开头就把基本要素交代清楚。大家一定学过记叙文六要素:时间、地点、人物、起因、经过、结果。开门见山法,就是直接把时间、地点和人物介绍给读者,并开始进入事情的起因。这个方法的最大好处,就是简单直接,能够直接进入核心。

这样的例子俯拾皆是,比如《一件难忘的小事》:上个星期三的下午，在学校的教学楼前，我遇到了一件令我难忘的小事。《一场激烈的比赛》：昨天的体育课上，老师让我们练习百米赛跑的起跑动作。可是邹小明和李亮亮却进行了一场激烈的比赛。

用开门见山的写法，一两句话就能把读者带入作文要介绍的核心。但是这种方法的劣势就是过于平实、常见，少了些新意。下面，嘉庆叔叔就给大家介绍一个有新意的开头方法。

介绍人物法

介绍人物法，顾名思义，就是在作文的开头，直接介绍要描写的主要人物。介绍人物之后，再对事情进行描写。

有的同学可能会产生疑问：典型的写人作文，比如《我熟悉的一个人》《我敬佩的一个人》《我的同桌》等，用介绍人物法开头当然没问题，但是，《令我感动的一件事》《难忘的童年》《记一个传统节日》等典型的记事作文，难道也能用介绍人物法开头吗？当然可以！要知道，只要是记叙文就一定是写事，只要是"事"就一定是由人物引发的。所以用介绍人物的方式来开头，完全没有问题。还记得我们在第一部分中学习的描写人物的五字秘诀吗？

第三部分 告别"味同嚼蜡",让呈现更加精彩

"脸身衣语行",这就派上用场了。

比如《难忘的童年》,写一次和邻居家小朋友一起捉蜻蜓的经历,开头就可以这样写:郭壮壮,我小时候邻居家的孩子,比我大两个月。圆乎乎的脸蛋上嘟着两大坨肉,走起路来还一颤一颤的。肚子鼓鼓的,胳膊和腿上的肉就像藕一样,一截一截的。他总是穿一件又肥又大的跨栏背心。别看他壮,却很腼腆,说起话来细声细语的,开口之前总是先"嗯——"上两声。就是这个可爱的郭壮壮,是我童年最重要的伙伴。

大家看,一个小胖墩的形象跃然纸上,接下来再写作者和他的故事时,就会给读者更加清晰的画面感。

当然在使用介绍人物法的时候,要根据故事的主题有所区分。写人的主题,可以多描写一些,但是以写事为主的主题,就需要适当缩减。

比如《记一个传统节日》:我的哥哥,今年十六岁,有着黝黑的皮肤,结实的肌肉,总是留着一头寸把长的短发,非常精神。最近这些天,他的皮肤更黑,肌肉也更结实了。因为端午节快到了,他要代表学校参加市里举办的龙舟大赛。最近这半个月,他每天都在接受高强度的训练。

这个开头就以介绍人物的形式,引出了端午节划龙舟,接下来就可以借描写哥哥的行动,写出端午节划龙舟的场

面了。

　　介绍人物法最大的好处,就是能够迅速拉近故事中人物与读者的距离,引起读者的兴趣。只要能把握好人物和故事的关系,这是一种非常实用且抢眼的开头方法。

提出问题法

　　一看名字很多同学就能猜出来,这是在作文的开头提出一个问题,来引出下面的内容。

　　那么应该提什么样的问题呢？使用问题来为作文开头,就是要用问题来引起读者的兴趣,并引出下文。一般而言,有两种提问题的方法。

　　第一种,根据作文的主题,提出问题。比如《二十年后回故乡》可以这样开头:"你是否想过,二十年后你的年龄是多大？那个时候,你在哪里？在做什么？你是否能够想到,那个时候,你回到家乡会看到什么？那时的家乡和现在有什么不同呢？"这一系列的问题,都是围绕作文的主题提出的,自然会为接下来文章的展开打下基础。

　　第二种,直接按照作文所写的情节提出。比如童话故事《狐假虎威》是这样开头的:"在很久以前,一片神秘的大森林里,一只狐狸昂首挺胸地走在前头,后边却跟着一只蹑手蹑脚的大老虎。小动物们都吓得四散奔逃，这究竟是怎么回事呢？我们还要从头讲起。"

大家有没有发现这种提问的方式，好像和倒叙法很像。没错，这两者之间是彼此互通的，有相似的地方。提出问题法，最大的优势就是能够迅速吊起读者的好奇心，让后面的文字更具吸引力，但是对于作者故事悬念的设置能力和提出问题尺度的把握会有比较大的考验。

细节描写法

很多同学在写开头的时候，都喜欢把话题写得特别大，就像把电影"镜头"拉得特别远一样。比如写《我的童年》，常常是："我的童年非常幸福，非常快乐，有很多有意思的事情。有很多事情我都忘记了，可唯独那一件，我却一直记得。"这样的开头，非常模糊、笼统，虽然讲出了主题，却没有内容，言之无物，不会给读者留下深刻的印象，读者也不会有兴趣继续往下读。如果换一个思路，把开头写得非常具体、非常细致，效果就会完全不一样。

还记得我们在第一部分中学过的放大镜观察法和显微镜观察法吗？下面我们就用这两种观察法来具体地给作文开头。还是以《我的童年》为例，如果用细节描写法开头，

嘉庆叔叔会这样写：

在我的书桌上摆着一只铁皮青蛙，它有一个鸡蛋那么大，浑身青绿青绿的。在它的后背上画着一团一团的花纹，尤其是三道黑色花纹，又长又粗，一直从头顶画到了屁股。青蛙的两只眼睛画得尤其夸张，就像是两只大大的汽车灯，占据了它的整个脑袋。这只铁皮青蛙活灵活现，要不是它的右边大腿上有一根发条，准会被人误以为是只真青蛙。可是，如果仔细观察，就会发现，青蛙的屁股上有一个坑，明显是被什么东西磕出来的。不过也正是因为这个坑，让我对这只铁皮青蛙特别珍惜。我这就给大家讲讲这个坑的来历。

讲到这里，大家想不想了解一下在我的童年里这只铁皮青蛙有什么故事呢？

越是细节的描写，就越能引人入胜。因为只有最珍惜的东西，才会去认真观察，观察得越仔细，就会倾注越多的感情。所以细节描写的开头，特别容易吸引人。

细节描写可以包括对静物、动物、人物乃至某些场景的描写，那么，用细节描写法来开头是不是描写什么都行呢？当然不是，这里有一个原则必须要记住，那就是：细节要与作文的中心思想相关联，而且要能够很容易和后面的内容衔接上。比如，嘉庆叔叔看过一篇作文《说说自己的心里话》,小作者的选题非常有意思。他的家乡有一个习俗,那就是谁有了心里话又不想跟别人说时,就可以找一个树洞把心里话喊进去。于是就有了这样一个开头:

在我家菜园的后边有一棵歪脖柳树,听姥姥说,那棵柳树在她小的时候就长在那里了。这棵歪脖柳树就像一个年过百岁的老人家,身上的皮都已经斑驳不堪了。而且弯弯的腰似乎永远也直不起来。但每年春天,它还是会长出满树的绿枝条迎接春天的到来。在这棵树干的最顶端,有一个树洞,你看到后一定会大吃一惊,因为这树洞上封着一块石头。由于时间太久,石头已经被新长的树皮包了起来,和大树长成一体了。没有人知道,这块石头的来历,除了我。那年,我六岁。

接下来,小作者就讲了一个自己把心里话说给树洞听,又用石头把树洞封起来的故事。

细节描写法最大的好处就是特别容易倾注感情,让人很快进入作者勾勒出的场景中。

开篇点题法

开篇点题的意思是在作文的开头就把主旨或者中心思想表达出来,然后再用具体的故事或者内容阐述中心思想。

比如《热爱生命》，可以这样开头："有人说，生命是最宝贵的东西，因为每个人只有一次。因此，我们每个人最热爱的便是生命。可是我想说的是，生命固然只有一次，却不是每一个人都热爱它。怎么，大家不信？来，我们一起看一看。"

这个开头直接扣题，把热爱生命的主题点出，接下来又用自己的观点进行反驳和展开。

再比如《大自然的启示》，可以这样开头："日月交替，春去秋来。北雁南飞，大江东去。这些都是我们日常司空见惯的自然现象，可是，如果大家静下心来，细心观察，就会从一个个看似毫不新奇的地方找到惊人的启示。"

这个开头一下子就写出了文章的主题，可谓直抒胸臆。

开篇点题的写法，最大的好处就是紧扣主题，不会有跑题之嫌；而且开宗明义，突出主题，不会三纸无驴。

以上我们学习了五种不同的开头方法，这五种方法，各有千秋、巧妙不同。但是绝不是彼此孤立、毫无关联的。它们之间没有绝对的界限，可以相互融合。

比如有一篇《记一次激烈的篮球比赛》，开篇是这样描写的：

手，一双抱着篮球的大手。左手的大拇指缠了绷带，右手的虎口已经开裂。王小帅的双手满布创伤，他崭新的篮球服上也已经满是尘土,但是他此时根本无暇顾及这些。他先是看了一眼记分牌,36 比 36,又看了一眼因腿伤而坐在场下的队友李航,便将目光直直地对准了正前方的篮筐。还有 12 秒,这是最后一次投篮机会了。这场比赛之所以达到如此焦灼的状态,还要从一个小时前说起。

　　这个开头是不是非常紧张,给人一种喘不过气的感觉?大家能分析出作者用了哪几种开头方法吗?无疑作者使用了细节描写法,从手的伤口开始讲。同时,他又描写了主要人物的状态和眼神,属于介绍人物法。最后,我们发现,这还是一个倒叙的叙述方式,就是把最紧张、最高潮的部分先讲出来,然后再讲事情的起因。

　　关于开头的活学活用还有很多方法,比如下面这篇作文《我的新发现》:

　　一年有三百六十五天,每一天都是二十四个小时,天天都一样。可是如果我告诉你,每天都有大不同,每天都有大变化,你相信吗?不信的话,就让我来告诉你一个我刚刚看到的新发现。

　　这个简短的开头也非常吸引读者的好奇心,既使用了提出问题法,用一个问题引起读者的兴趣,同时又使用了开篇点题法,把文章的主题点了出来。

将"凤头"作为对一篇作文开头的要求，不仅是因为需要将开头写得漂亮，更重要的是开头是读者接触文章的第一个部分，想要让读者有兴趣继续读下去，就要用匠心独具的文字吸引读者，让读者一看到它就挪不开眼神。所以"巧思"，远胜过"外形"。

上面讲到的五种开头方法，是最常见、最实用，也是最易学的方法，只要大家熟练掌握，灵活运用，这五种方法可以演变出无数个开头。当然，并不是这五种开头方法就囊括了所有的开头技巧，如果想写出更加巧妙，甚至令人拍案叫绝的开头，就需要更多的阅读、更多的思考，特别是更多的创作，只有这样，才能在写作时游刃有余，如虎添翼。

万变不离其宗，结尾就这五种方法

有人形容一篇优秀的文章就像美食一样，令人唇齿留香、回味无穷。要想让自己的作文也达到这种境界，除了要有巧妙构思的开头、引人入胜的内容外，一个匠心独具的结尾也是必不可少的。下面我们就来学习五种实用、有效的结尾方法。

交代结果法

交代结果法是最常见的一种结尾方法。一篇记叙文，记录的往往是一件事情，一件事情自然会有一个结果。将这个结果自然清晰地交代给读者，文章也就结束了。这就是交代结果法。自然而然、清晰直接，是这种方法最突出的特点。也因此，就像开门见山法一样，交代结果法是所有结尾方法中最普通的一种。这种方法最大的好处就是稳妥、自然，不会拖泥带水，更不会跑题，或者含混不清。有人说这种方法太过普通，没办法写得精彩，在这里嘉庆叔叔要告诉大家，不论什么内容、什么样的题材都是有可能写得精彩的。普通的结尾，需要更精巧的构思和高超的写作技巧来实现它的蜕变。

比如《难忘的一件小事》的结尾，可以写成："这件事在我的脑海里，久久不散，永远难忘。"也可以写成："这件小事就像一片落叶，飘落在我记忆的湖面上，泛起一片涟漪，又随湖水静静地飘向远方。可不论飘向哪里，飘得多远，它总会在不经意间激起涟漪，让我再次想起，难以忘怀。"大家看，同样的结尾方法，因为文笔不同，表达效果就大不一样。不过，这属于修辞和写作技巧的话题，在后面会详细跟大家交流。

首尾呼应法

顾名思义，就是文章的结尾与开头相互呼应，达到一种整体性、总结性的效果。下面重点讲一讲这种结尾方法。

使用首尾呼应法的结尾，要与开头进行照应，所以必须与开头一同分析。接下来，我们就结合前面所学的几种开头方法，进行一一对照，看看不同开头下的首尾呼应应该注意哪些问题。

第一种开头——介绍人物法

在前文中，这部分是以《难忘的童年》为例的，讲的是胖乎乎的主人公郭壮壮的故事。那么，怎样写一个与之呼应的结尾呢？

现在的郭壮壮早已不像当初那么胖了，身上藕节一样的肥肉都不见了，取而代之的是一块块又黑又硬的肌肉。说话也不像当年那么腼腆了。每年暑假回老家，我都会见到他，我们还会聊聊天、散散步，但已经不会再在一起赶大鹅、掰苞米了。现在，每当我想起他，脑子里闪过的，还是那个穿着白色跨栏背心的胖小子。因为，我永远忘不了，只有那个胖乎乎的郭壮壮是我儿时最好的玩伴。

因为作文的开头是以郭壮壮起始的,所以结尾也以对郭壮壮的描写收尾,并且用一些细节将郭壮壮前后的变化进行了对比。这样的对比不仅呼应了开头,而且还增添了一种浓浓的对童年的回忆,点中了题目《难忘的童年》。

第二种开头——提出问题法

在前文中,我们是以《二十年后回故乡》为例的,提出了几个作者二十年后回到故乡可能会遇到的问题。我们能够想到,作文的内容是对这些问题的逐一解答,那么如果要将结尾和开头进行呼应,又该怎么做呢?

二十年后的我已经将近三十岁,二十年后的家乡已经日新月异。这里的道路变了,房屋变了,人们的衣服变了,出行的工具也变了。唯一不变的是这里的人们以及人们的精神。他们永远追求不断变化的未来,不断地努力工作着,为了下一个更美好的二十年而奋斗!

对提出问题法的开头进行首尾呼应时,一定要注意,不必像做数学题一样,对每一个问题进行条分缕析的回答,只需要对开头的提问进行中心思想上的提炼即可,如果能够在思想上进行升华就更好了。

第三种开头——细节描写法

在讲到这个方法时,是以《我的童年》为例的,描写了一只铁皮发条青蛙,并由这只青蛙引起了作者的遐思。针对这样的开头,应该怎样写与其呼应的结尾呢?

从此以后,这只铁皮青蛙就再也不跳了,我也再没有拧动过它的发条。然而,我却把它小心翼翼地放到了我的书桌上。每当我看到它后背上深深的三道黑线,以及屁股上那个凹陷下去的坑时,我就会想起我童年那次最难忘的经历和那个给了我深深教训的人。

用首尾呼应法对细节描写进行呼应时,应当注意,既要用同样或者相近的细节进行呼应,同时也要避免对开头的细节做简单生硬的重复。可以使用浅尝辄止、蜻蜓点水般的手法用结尾进行呼应,并进行结尾点题和思想上的升华。

第四种开头——开篇点题

前文以《热爱生命》为例,作者在开头提出了令人匪夷所思的观点,他说生命对于每个人来说都只有一次,却并不是每个人都珍惜生命。在后面的内容中,作者进行了解释，他之所以这么说是因为有太多的人，庸庸碌碌，做事情拖拖拉拉，像这样浪费时间的行为，就等于慢性自杀，就等于浪费生命。整篇文章对"热爱生命就应该珍惜时间"这个主题进行了具体阐述后，在结尾处与开头进行了呼应：

朋友，当你再次说出，自己热爱生命时，请静下心来深深地思考，你是否认真地对待生命里的每一分每一秒？生命的刻度，是时间。只有让自己的分分秒秒都变得有意义，才能算作是真正的热爱生命。

以上就是四种开头方法所呼应的结尾。可以说，每一种开头都可以有一种与其相对应的结尾进行呼应。

首尾呼应，既是一种结尾的技巧和方法，同时也是一种写作要求和评判标准。文章的开头与结尾彼此呼应，相互照应，既符合文学上的美感，也是文章整体性和紧凑性的体现。希望同学们能够多加练习，更深地体会首尾呼应法的妙用。

主题总结法

每一篇文章都一定有它的主旨，也就是我们常说的中心思想，是作者要通过文章所表达的含义。有的时候，作者为了把中心思想强调得更加明显，让读者印象深刻，就会把主题在结尾明确地总结出来，这就是主题总结法。

以前文提到的作文《胜似亲人》为例，我们可以这样结尾：

苗苗和老奶奶紧紧地相拥在一起。虽然她和老奶奶没有血缘上的亲属关系，甚至才只认识不到一个月，但是在心里她已经把这个苗族老奶奶当成了自己的亲奶奶，老奶奶也早已经把她当成了自己的亲孙女。看神情，此刻的她们虽然不是亲人，但是胜似亲人。

这里将主题非常明确地表达出来。主题总结法最大的好处就是明确、直接，不留盲点、不会跑题。但是缺点也正在于此，就是过于直接明确，少了一些思考性和文学性，常被人认为是品位不够高的结尾方法。

启发联想法

同样是对主题进行总结，但启发联想法和主题总结法有所不同。启发联想法是在点出主题的同时，将主题变换成一个或者几个问题，启发读者的联想，展开更加深入的思考，给人一种意犹未尽的感觉。比如，在写成语故事《拔苗助长》时，就可以这样结尾：

农夫为了庄稼能够长得更快,却亲手毁了自己的秧苗。他的初衷是好的,却导致了最坏的结果。这个农夫究竟错在哪了呢?是不是有了良好的愿望,就一定能够做好事情呢?除了一个好的出发点之外,我们还应该怎么做,才能把事情做好呢?

再比如,给作文《大自然的启示》写一个结尾:

大自然有太多的神奇,等着我们去发现,等着我们去体会。说不定这些启示,就能给我们的未来带来无尽的美好和超乎想象的改变。当你置身于大自然中,发现了什么与众不同的奇妙吗?面对这些,你又得到了怎样的启示呢?

在使用启发联想法的时候,有一个问题需要同学们格外注意,就是提出的问题一定要紧密围绕作文的题目和主题,千万别为了启发联想而使作文过于发散,最后离题万里,这就偏离了启发联想的初衷了。

感叹法

这种方法还是建立在对主题进行总结的前提下,进行感情的抒发,进而使文章的主题得到升华。比如《升旗》,在对学校的升旗仪式进行了细致的描写后,可以这样结尾:

五星红旗已经高高地飘扬在操场的上空，像一只翱翔着的雄鹰，雄踞在蓝天白云之间。面对红旗，我的心潮澎湃。不仅是因为它的红色鲜艳无比，它的五星璀璨夺目，更是因为在它的背后，蕴含着无数祖先的智慧与勇敢，激荡着无数历史长河中的慷慨与豪迈！

这五种结尾方法，并没有一定之规和绝对的界限，彼此之间可以相互融合、相互连接。

比如，在讲开头的写法时，我们写过一篇《记一个传统节日》，采用了介绍人物法描写了作者的哥哥。我们再来给这篇作文设计一个结尾：

赛龙舟结束了，这是端午节这个传统节日里，最令人激动的活动了。哥哥明年就要当兵了，这是他最后一年参加比赛。他告诉我，只有最勇敢的男孩才能做一个好桨手。我的双手紧紧地攥着哥哥的船桨。再过几年，我也到了可以赛龙舟的年纪，我也要像哥哥一样，代表村子的男孩子，夺得全镇的冠军！

在这里，作者将哥哥这个人物与开头的描写相呼应，最后，又采用感叹法表达"自己要接过哥哥的船桨，代表全村赢得胜利！"这也点明了赛龙舟这个传统活动必然会继续传承下去，升华了整篇作文的主题。

我们再来看一个例子，《记一场大雪》，作者在开头用"雪后，小狗留下的脚印"这个细节引入对雪景的描写，在结尾处与之呼应：

那只小狗留下的足迹早已被院子里的孩子踩得不知所踪。孩子们的欢乐伴随着大人们的笑容，爸爸说："瑞雪兆丰年，这样的大雪意味着明年必然又是个丰收年。"听了这话，我仿佛看到了满载粮食的一辆辆卡车跑在了开往城里的公路上。当你端起白花花的米饭时，是否还会想起，今天的这场洋洋洒洒的大雪呢？

这个结尾，既和开头的细节巧妙呼应，又进行了启发式的提问，激起了读者无限的联想。

关于各种结尾的活学活用，就先讲到这里，同学们尽可以放开想象，进行创新和尝试。要提醒大家的是，一篇作文的结尾，不论采取什么样的方法，都一定要记住两个高分要诀。

一是必须点题。就是一定要在结尾的三五句话里，体现出作文题目的中心思想，或者主要要求，甚至就是核心词汇。比如写《难忘的一件小事》，一定要在结尾再一次点出这件事情的难忘之处；写《记敬佩的一个人》，一定要在结尾把对这个人的"敬佩"再一次表达出来。请同学们记住,不论在作文中对主题进行过几次强调,都不能取代最后结尾的这一次点题。

二是简短有力。最好的结尾就是点明主题、呼应开头、短促有力。还记得我们曾经说过"凤头、猪肚、豹尾"吗?豹子是陆地动物中跑得最快的动物。所谓"豹尾"就是说,结尾要像豹子一样迅捷有力,快速结束,千万不要为了凑字数拖拖拉拉。只要主题点到了,或者呼应了开头,就要马上收尾。

学会四种方法,让作文妙趣横生

一篇作文可不能只有开头和结尾,重要的是作文的内容如何来写。有的同学会说,我们前面学习了观察和描写静物、动物、人物,还有各种场景的方法,这不都是内容的写法吗?没错,这些都是我们充实内容的方法,但是大家有没有发现一个有意思的现象,那就是同样是描绘一个事物,不管是静态的还是动态的,不管是人物还是场景,不同的人写出来的效果截然不同。有的人写出来平淡无味,无法给读者留下印象,有的人写出来却让人遐想无限、身临其境。

这是因为有的人掌握了非常丰富的写作技巧,并且能够融会贯通、活学活用。可以这么说,任何一个看似简单的画面和对象,只要使用丰富的写作技巧,都能够写出引人入胜、叹为观止的效果来,这就叫妙笔生花。下面,我们就来共同学习妙笔生花的写作技巧。

比喻、拟人,让你的作文"活"起来

相信一听到这两个词,很多同学就会说:"这两个方法我知道,这是最常见的修辞方法,还有什么可说的呢?"没错,这两个修辞方法确实很常见,但是常见不代表简单,更不代表可以视而不见。

比喻

大家都听说过比喻,但如果让你说清楚到底什么是比喻,你能说得出吗?恐怕很多同学就要卡壳了。为了描绘一个事物,用另一个和它有相似点的事物来形容它,这种修辞方法就叫作比喻。

举例来说,天上的太阳就像一个大大的火炉,灼烤着大地。这就是比喻,在比喻的含义里,我们可以看出比喻

有两个要素，那就是本体和喻体。本体，就是我们要描绘的事物，上面那个比喻中，太阳就是本体；喻体，就是那个用来形容本体的事物。一般来说，比喻还常常有另一个要素，叫比喻词，就是连接本体和喻体的那个词。把太阳比喻成了火炉，中间的"像"就是比喻词。

  上面就是比喻的基本概念，我想很多同学都是知道的。下面要讲的恐怕就不是谁都知道的了。我们知道，为了把作文写得生动有趣，可以用比喻来形容任何一个本体，但是大家有没有想过，什么样的喻体才能够用来形容本体呢？或者说是不是什么喻体都可以作为形容本体的事物呢？答案当然是否定的，我们绝不可能用一支铅笔来形容天上的月亮，也不可能用浩瀚的海洋来形容一只可爱的小狗。这明显是风马牛不相及。

  到底什么样的喻体可以用来形容本体呢？要想用来形容一个事物，喻体就必然要有两个特点：一是要有相似点，二是要不同类。要有相似点很好理解，比如"太阳像火炉"，太阳和火炉的相似点就是都很热，有光亮。那么"不同类"又该怎么理解呢？也很简单，就是喻体和本体必须是不同类别的东西。火炉和太阳不是同一类别的，所以可以用来进行比喻。再比如"萤火虫像暗夜里的星光"，萤火虫和星光明显不是同一类。我们不能用同类事物来进行比喻，比如，这块煤可真黑，就像一块碳一样。煤和碳显然是同类别的东西，不合适相互形容。再比如"这只母鸡每天都会下一个蛋，就像一只鸭子一样"，鸡和鸭子是同类别，这个比喻也不太合适。

比喻的种类非常多，有人总结过，根据比喻方法和细节的不同，共有十二种。我们常见的是三种，只需要掌握这三种也就足够了，它们分别是明喻、暗喻和借喻。要区分它们也非常简单，我们首先要明确什么是比喻词。常用的比喻词有：像、好像、仿佛、像什么似的，等等。

明喻，就是本体、喻体和比喻词非常明显的比喻句。

暗喻也被称为隐喻，就是虽然看得到本体和喻体，但是比喻词被换成了"是""成了""变成""变为"等。比如，运西瓜的卡车翻了，西瓜成了一个个足球，马路成了球场。再比如，手中的笔，就是鲁迅的武器，向着旧社会无情地开火。

借喻不仅不用常规的比喻词，甚至连"是""成了"这种谓语都没有。比如，从此，他借着书籍这部天梯，攀登起知识的高峰。再比如，一阵小雨过后，大地被罩上了一层薄薄的纱。

请同学们务必记住，比喻是最常用的修辞手法，它能够把平淡无奇的内容迅速变得生动有趣。在写作文的时候，尤其是对主要人物、动物、静物以及场景进行描写时，尽量多地使用比喻就会让作文的水平提升一个档次。比如，"太阳照在大地上，烤得大地火辣辣的"就不如"太阳像一个大烤炉，把大地烤得火辣辣的"。令很多同学苦恼的是，常用的比喻，都被很多人用过了，自己再用就显得特别没创意，但是自己又想不出更好的比喻来。这怎么办呢？

在这里再教给大家一个秘籍，那就是同样的比喻，变换种类，可以使作文技高一筹。什么意思呢？解释一下就是，在比喻的内容不变的情况下，把明喻变成暗喻或者借喻，会立刻提高作文的档次，也就立刻不会那么没劲了。

还是以"太阳就像一个大烤炉，烤得大地火辣辣的"为例，这是谁都知道的比喻，都被用滥了。接下来我们就把明喻变成暗喻：太阳变成了一个大烤炉，烤得大地火辣辣的。是不是感觉有点不一样了？我们再把它直接改成借喻：太阳这个大烤炉，不断地增加着燃料，烤得大地火辣辣的。是不是立刻感觉高级了很多？

类似的例子还有很多，比如，长城像一条蜿蜒的巨龙，盘踞在八达岭上。这个比喻句简直是天下最著名的比喻了，谁都在用。如果改成暗喻就成了：盘踞在八达岭上的长城，把自己蜿蜒成了一条巨龙。如果改成借喻就成了：巨龙长城，在八达岭上盘踞蜿蜒，飞向远方。

同样是比喻，因为形式的变化，感觉就会不同。

拟人

相对于一般的比喻而言，拟人更能够给读者以亲切和感同身受的感觉。因为拟人除了对描写对象进行描述外，更重要的是还赋予描写对象一种类似于人的性格和特点。

举例来说，"一座白塔屹立在寺庙的正中，就好像一棵松树挺立着。"换成拟人则可以写为："寺庙正中的一座白塔，就像一个高耸入云的卫士屹立在那里，目视前方、岿然不动，风雪里守卫这座寺庙。"通过拟人，这座塔似乎有了自己的性格，也活跃起来了。

再比如，在炎热的夏天，亮亮发现自己家的橡皮泥在窗台上被晒软了。起初，他运用了一个比喻来描写："窗台上的橡皮泥像一团烂泥巴一样。"后来，在妈妈的帮助下，他换了拟人的手法来形容："窗台上的橡皮泥就像一个喝得大醉的醉汉，趴在那一动不动。"这么一来，橡皮泥仿佛有了生命，活了起来。也更能让人联想到橡皮泥瘫软的样子，乃至夏天的炎热。

其实严格来讲，拟人是比喻的一种，但是它的特殊性在于，拟人把事物人格化了，因此产生了一种更加生动有趣的效果。

一切事物都可以采用拟人化的修辞来形容。有生命的生物，比如，一只小猫懒洋洋地晒着太阳，仿佛入定的大师，周围的嘈杂完全与他无关。再比如，那头被吵醒的老牛，冲着我叫了一声，向我投来了心中的控诉。没有生命的事物，比如，一朵朵浪花就像欢乐的女孩，在大河里舞蹈、歌唱。不仅如此，完全抽象的事物也可以用拟人来形容，比如，亲爱的祖国，你就像母亲一样给我温暖，给我力量！再比如，这个美丽的梦境，用她那轻柔的舞姿，萦绕在我的脑海中。

　　最后，嘉庆叔叔想要告诉大家的是，尽管我们可以用方法和技巧提高比喻的格调，变换拟人的方式，但是比喻和拟人最核心的还是为要形容和描绘的本体，找到一个恰当的喻体。这可是硬功夫，也是嘉庆叔叔教不了大家的。因为天下的作文题目无穷无尽，作文里要描写的东西更是无穷无尽，要想让作文更加精彩，比喻、拟人的功力无疑是非常重要的。这需要我们平常多观察生活，多进行联想。大家可以尝试一下，为自己所见过的每一个新鲜事物写一个比喻句，并让身边的人听一听，你的比喻怎么样。这样坚持一段时间，大家比喻、拟人的功力，就会大大增强了。

排比、夸张,作文也可以"五彩斑斓"

排比

关于排比,大家一定非常熟悉。一般来说,在一个句子里,相同的结构、相似的意思和语气,连续反复出现(至少三次),就叫排比。它的目的是强调和深入地表达感情和含义。

一般来说,排比要有一个排比词,就是反复出现的那个词。比如,大海的脾气真是变得太快了,有时安宁平静,像一个睡着的孩子;有时波涛汹涌,像一个生气的怒汉;有时欢乐跳跃,像一个幸福的小姑娘。这里的"有时……像……"就是典型的排比词。

排比,可是提高作文格调和分数的撒手锏!它的力量非同凡响,不仅有利于抒情,更能突出节奏,让句子朗朗上口,使人对作文印象深刻,回味隽永。比如,可以这样用排比来写人:球球真不愧是球球,他的全身都是圆的。他的脑袋是圆的,像一个吹起来的大气球;他的眼睛是圆的,像两颗熟透了的黑葡萄;他的鼻子是圆的,像爷爷手里的健身球;他的肚子是圆的,像夏天水果店里的大西瓜;就连他的胳膊和大腿都是圆的,像极了刚出炉的大号甜甜圈。这样的排比句将球球这个胖胖的男孩子的形象强调得非常清晰，读者的脑中一下就会出现他那可爱的圆滚滚的样子，很难抹去。

再比如，用排比来描写景色，著名散文家朱自清的《春》中，有这样的句子："山朗润起来了，水长起来了，太阳的脸红起来了。"这里连续的三个"起来了"，就把作者眼中的春天写活了。

排比还尤其适合抒情，比如，幸福是什么？幸福是贫困中相濡以沫的一块糕饼，幸福是患难中心心相印的一个眼神；幸福是父亲一次粗糙的抚摸，幸福是朋友一个温馨的字条；幸福是母亲一声温柔的叮咛，幸福是老师一次亲切的问候。

如果大家觉得排比只能抒情、描写情景，那就错了，排比还可以用来讲道理，并且用排比讲出来的道理有一种排山倒海的气势，不容辩驳。例如朱自清先生的另一篇散文《匆匆》："燕子去了，有再来的时候；杨柳枯了，有再青的时候；桃花谢了，有再开的时候。但是聪明的，你告诉我，我们的日子为什么一去不复返呢？"

排比的力量十分强大，用处也非常广泛。在这里还要告诉大家一个非常实用的用途——清晰节奏。什么叫清晰节奏呢？很多同学可能有过这样的体会，作文中要求描写一个场面或者事物，但是这个场面或者事物却十分混乱，或是人多，或是动物多，或是东西多，根本不知道该写什么、怎么写。不能都写，但又不知道该省略掉哪些，而且写少了似乎就没有场面感了。

举个例子，动物园的猴山上，有上百只大大小小的猴子，它们干什么的都有，乱成一锅粥。要想清晰地描写出猴子的状态，最有效的修辞手段就是排比。一个排比句就可以让本来混乱的节奏变得异常清晰。

可以这样描写：

猴山上的猴子干什么的都有：有的在山脚下喝水，有的半山腰捡吃的，有的在山顶上抢地盘打架，有的在秋千上互相挑虱子，有的在铁丝网上和游人扮鬼脸，还有的从山脚窜到山顶，给谁来上一巴掌，又欢蹦乱跳地从山顶窜回山脚。

一幅猴山乱象图是不是立刻就浮现在眼前了？而且文章的节奏一点儿也不显得乱。

和很多事物同时出现的乱象相对应的，是一个事物随着时间的变化，会有不规律的现象和情况出现，这种混乱也很难描写。比如，一条金鱼在鱼缸里，它的动作一刻不停，随时游走。该怎么描写呢？其实，这种情况使用排比句也是非常好的办法。比如，我家的鱼缸有一条金鱼，它在水中悠闲自得，没有一刻停歇，一会儿浮到水面仰望世界，一会儿潜到水底，探寻沉静的砂石，一会儿躲在怪石洞里玩起藏猫猫，一会儿又溜到鱼缸边缘向大家问好。这样的一组排比句，就把金鱼的好动和有趣，节奏清晰地描写出来了。

夸张

夸张是一种为了达到某种效果，而有意将事物的某种形象、特征或者程度夸大或缩小的修辞方法。

成语"才高八斗"，其实就是一个典型的夸张。南朝宋国的山水诗作家谢灵运说，天下的才华共十斗，而曹植（《七步诗》作者）一个人就独得了八斗，他自己占一斗，古往今来所有人分最后的一斗（斗是古代用来称粮食的工具）。大家看这是多么夸张啊！

夸张在诗词和文章中被使用得非常广泛。比如，李白的"蜀道之难，难于上青天""飞流直下三千尺，疑是银河落九天"，再比如，杜甫的"笔落惊风雨，诗成泣鬼神"等，都运用了夸张的手法。还有我们口渴的时候，常说："哎呀，我的嗓子干得直冒烟！"这也是典型的夸张手法。夸张的运用会使文章增光添彩，印象深刻。

一般来说夸张有三种类型：扩大夸张、缩小夸张和超前夸张。

扩大夸张，就是把事物往大、广、深的程度描写。比如形容一个人高大威武，可以写为：他简直就是一朵乌云，把我头顶的太阳都给遮住了。再比如，这酒的味道可真香，顶风都能香出十里地去！

缩小夸张，就是把事物的小、近、浅，描写到极致。比如，发令枪响起之前，全场鸦雀无声，静得连每个人的心跳都可以听见。再比如，从飞机上往下看，地面上的人们都成了蚂蚁，高楼大厦都成了火柴盒和积木块。

超前夸张，就是把即将发生的事情提前一步描述出来。例如，看到这一畦畦嫩绿的麦苗，简直都能闻到白面馒头的香味了。再比如，看到这一个个茁壮成长的孩子，仿佛已经看到他们成为国家栋梁，努力奋斗的样子。

夸张可以增加文章的绚丽色彩，能够充分体现作者的想象力。尤其是在写童话或者想象文的时候，简直就是不可或缺的写作方式。但是也必须注意，夸张不是肆无忌惮的浮夸，也不是随时随地都可以用。

比如，项羽天生力大无穷，他能一只手把泰山拔起来。像这样的夸张，如果不是在神话小说中，就显得过头了，完全不可信。

再有，在一些说明文和比较严谨的学术论文中，为了追求内容的严谨性，是应该尽量减少甚至避免使用夸张的修辞手法的。

我们讲了四种常用的修辞方法：比喻、拟人、排比、夸张，其实修辞手法还有很多，但这四种是最常用的，而且最易掌握。经常使用，善加使用，足以使我们的作文变得生动鲜活、引人入胜。

"对比、转折"，点石成金的魔法棒

这里的魔法棒当然指的是作文中的写作方法，教我们如何将平凡的内容变得不同凡响，令人印象深刻。

确切地说，对比和转折一个是描写方法，一个是情节叙述的手段，但是在更深的层面又有相通的东西，我们先逐一熟悉之后，再做深入的分析。

对比

不知道大家有没有注意过，形容词都是建立在一定的对比的基础上的。比如，高矮胖瘦、大小多少、辽阔狭窄、缤纷单调，等等。单独的一个事物是谈不到高或者矮，大或者小的。比如，一根竹竿两米长，那它是算长的还是短

的呢？跟一米的比，算是长的，跟三米的比又算是短的；一个人一百五十斤重，跟一百斤的人比是胖的，但是跟两百斤的人比，就算是瘦的。所以，形容是建立在对比的基础上的。一排山，如果全都一边高，就成了火柴盒，只有高低不平、鳞次栉比，才会巍峨起伏，雄丽壮阔。

这就是对比的魅力。在写作文的时候，如果要突出一件事物或者事情，直白地说是无力的。比如单纯地说一个人真的太瘦了，完全没有概念，引入一个对比物，效果马上就出来了：这个瘦子的胳膊和大腿简直比竹竿还要细。怎么样，是不是画面感一下就出来了？

对比，就一定至少是两个主体来比，这两个主体可能是完全不同的两个事物，也可能是一个事物前后的两个样子。

我们学过一篇文章叫《观潮》，里面就使用了典型的对比手法。作者为了突出大潮的汹涌澎湃，来势汹汹，不是直接写大潮的到来，而是先写大潮到来之前的景象，"从远处传来隆隆的响声……江面还是风平浪静，看不出有什么变化"，以江面的安静，预示即将到来的波澜壮阔。紧接着，大潮到来了，"只见白浪翻滚，形成一堵两丈多高的水墙。浪潮越来越近，犹如千万匹白色战马齐头并进，浩浩荡荡地飞奔而来；那声音如同山崩地裂，好像大地都被震得颤动起来。"看到这里，我们感受到的不只是大潮到来带来的冲击，更多的是前面的安静和后面的动态的对比所产生的震撼。

还有一篇文章运用对比非常有名，那就是鲁迅先生的《闰土》，前半段写少年闰土的活泼阳光，月下捉猹，小手红活圆实，又写他不怕作者，没人的时候就在一起聊天玩耍。这些少年时的开朗有趣，和后面中年闰土浑身瑟缩，双手"又粗又笨而且开裂，像是松树皮"，形成非常生动的对比。

我们还学过课文《陶罐和铁罐》《慢性子裁缝和急性子顾客》，这两个故事都是用一个人物的言行，对比衬托出另一个人物的性格特点。比如，铁罐的骄傲和不可一世，衬托出陶罐的谦虚和坚韧；急性子顾客的焦躁和顾虑，衬托出慢性子裁缝的不慌不忙，性格缓慢。

学习了对比，我们就懂得了在作文中如何更加有趣生动地描写出人物或事物的主要特点。比如，可以用周围人的机灵衬托一个人的愚蠢，用周围环境的安静衬托出一个人的焦躁，也可以将一个人前面的倨傲和后面的谦逊相对比，突出性格变化。

转折

转折指的是一篇文章在情节上的走向突然转变。比如，前面的情节愉快顺利，马上就要水到渠成，却突然发生了大逆转，变得毫无生机；再比如，本来是山穷水复，前途黯淡，一瞬间就柳暗花明，一片光明。

一般这种方法，在我们看过的影视剧里使用得最多。比如，每当影片到了最高潮的时候，总是大反派占据上风，马上就要将大英雄摧残到不行的时候，突然一个转机，大英雄绝地反击，消灭了大反派，取得最后的胜利。

这样的套路可以说是所有观众都知道的，但是为什么还在各种故事中频频出现呢？就是因为这种表现手法真的有效，能够引起观众的共鸣。

在很多文章中也都大量采用这种转折的写作方法。比如著名作家贾平凹的名篇《丑石》，开篇先从各个角度描写这块石头的丑陋，所有见过它的人都不喜欢它，连作者自己都嫌弃它。将人们对它的厌恶写到极致后，再话锋一转。当人们知道了这块石头是来自天外的陨石后，突然感到这块石头与众不同，眼光也都变了。

芥川龙之介的《橘子》，先是描写了一个小女孩多么粗鄙、无礼，作者有多么不喜欢她。当这个女孩将呵护了一路的橘子撒向火车窗外，扔给自己的弟弟们时，作者突然发现了这个女孩身上伟大和闪光的一面。

以上的文章，都是为了突出主人公或者事物的光辉，先用压抑的笔触把描写对象写得很卑微、很遭人嫌弃，这就是欲扬先抑。当然也可以反其道而行之，如果要写出悲伤的氛围，就要先将主人公的心情描写得十分高兴爽朗，然后再急转直下，让情节变得压抑而悲伤。

其实，每一件小事、每一个人物都是平凡中见真情，平凡中见伟大，见怪不怪的事物不会给人深刻的印象，更不会感动读者。对比和转折，最大的共通之处，就是可以帮助大家把看似简单平凡的小事，写得有血有肉，感情充沛。

下面，我们来看一篇作文，作文的题目再平常不过了，叫作《记一件难忘的小事》。看看作者是如何使用对比和转折来让一件小事变得难忘的。

一个女孩，围着鲜红的大围脖，一张冻成了红苹果的脸蛋，一双已经红肿的小手，在那个冬天的上午，让我久久难忘。

那是春节前的一个周日，我和妈妈到图书大厦看书。三九天的寒风真不是一般的冷，刮在脸上就像用刀片割一样疼。然而，这是图书节的最后一天，还是有很多人赶来。

第三部分 告别"味同嚼蜡",让呈现更加精彩

在人满为患的大门口,我被一个人险些撞了个跟头,仔细一看,是一个小女孩。她穿着不入时的花棉袄,围着个大红围脖,抓着围脖的双手明显冻得有些红肿了。这个小女孩也就七八岁,脸蛋上留有很明显的被风刮得粗糙的痕迹。小女孩撞了我只歉意地点了个头,就冲进去了。

我正要表示我的不满,身后传来了一声:"对不起!"我回头一看,大门口不远处,一个女人穿着和小女孩一样不入时的花棉袄,推着一个三轮车,车上放着烤红薯的大桶。原来是位卖红薯的阿姨,她在这里做生意,让女儿进去看书。

既然人家道了歉,我也就不再发作,忍着有些晦气的心情,说了句"真倒霉",和妈妈一起进了大厦。

这里的人真多,我在名著区驻足良久,一本《新编绘图三国演义》让我全神贯注地看了起来。正看得津津有味,一个刺耳的声音响起:"我就不放回去,你能把我怎么着?"我抬头看去,也是一个十来岁的女孩,穿着十分讲究,一身名牌,连扎头发的发卡都特别精致。只见她面前的地上已经散落了几本书,此时正拿着一本书要往地上扔。旁边有一个服务员阿姨正在说着:"看书可以,但是看完之后一定要放回原位,以便其他人再看。"那个女孩身旁的阿姨,趾高气扬地说:"我们都放回去了,还要你们这些服务员干

什么呀?"

　　这话一出口，身边的其他人纷纷投来了不满的目光和指责的话语，那个阿姨更是扯开嗓门说："怎么着？你们要欺负人啊？小心我报警！"就这样，身边的人你一言我一语地和母女俩吵开了。正在这个时候，令人意想不到的事情发生了。一个身影挤进了人群，蹲下身子从所有人的脚旁捡起了掉落的书，从身上取出一条手帕。那条手帕洁白得就像天上的雪花，她轻轻地将书上的灰尘擦拭得干干净净。

　　我记得那双小手，那双红彤彤的小手，她就是刚才撞到自己的小女孩。看到这里，我赶忙过去，也帮她捡起地上的书，放回到书架上。此时，周围的人对那母女俩的斥责更加强烈了。终于，她们灰溜溜地离开了。所有人都为扎着红围脖的小女孩鼓起掌来。她羞涩地冲大家点了点头，又跑出了人群。

　　同样的年纪，有着不同的生活，更有着不同的心灵。最令我难忘的是那双小手擦拭每一本书时的精心，显示出女孩对每本书由衷的心疼。

　　我再也忘不掉那双手，那一天，那件事，那个人。

　　这篇作文中的对比，主要是在两个人物之间进行的。两个小女孩，一个穿着不入时的花棉袄，一个穿着一身的名牌服装，然而做出来的事情却截然相反，一个拥有纯洁的心灵，一个却不守公德。这样的对比，使小女孩的形象更加鲜明高大。

转折的技巧主要体现在作者对小女孩前后印象的转变上。开始的时候，小女孩的穿着和行为，给作者留下了很不好的印象。但是当看到小女孩主动捡书的行为后，作者对小女孩的印象产生了一百八十度的大转弯，对小女孩的看法完全改变了。这样的转折，就形成了故事的一个高潮，给人的印象也自然更加深刻了。

关于对比和转折的用法，其实还有很多，需要同学们阅读更多优秀的文章，进行更多的写作实践，来体会其中的奥妙。

铺垫和侧面描写，使作文引人入胜

铺垫

从字面上理解，铺垫，就是睡觉之前我们先要在床上铺上褥子、垫上垫子，这样就可以让床睡起来更加舒服暖和。铺垫引申到写作中，就是为了突出描写对象或者主要情节，在描写对象和主要情节出现之前，用一些细节为它的出现做烘托。

比如，朱自清的名篇《荷塘月色》，这篇文章的主要描写对象无疑就是夜晚荷塘月光下的优美景色。但在具体描写之前,作者却做了很多铺垫,一是交代自己来到河塘边的时间和地点,使得自己观赏月色处于非常清净、没有人打扰的环境;二是交代这一天的荷塘边不仅清净,更难得的是,这天晚上有淡淡的月光。这些都是在荷塘观看月色的重要条件,为整篇文章的主要内容做好了铺垫,使作者在描写月色的时候,文笔更加自然,氛围更加和谐。

鲁迅先生的名篇《孔乙己》,一开篇就是一个非常精彩的铺垫。他先交代了一般情况下,在酒馆喝酒的人有两种,一种是穿短衣做工的人,他们都站在柜台前喝酒,另一种是穿长衫的有钱人,都是"踱进店面隔壁的房子里,要酒要菜,慢慢地坐喝"。这就为孔乙己后面出场时的与众不同做好了铺垫,因为孔乙己是"站着喝酒而穿长衫的唯一的人"。正是前面的铺垫,让这一句话显得十分有力,进而引起读者对描写对象的兴趣。

有的同学对铺垫和转折的区别理解得不是太清楚,在这里需要明确,两者有共同点,也有明显的不同之处。

共同点:两者都是为了使文章的主题能够更加突出,而在主要内容出现之前事先做铺设和准备,都是在文章结构上进行巧妙的构思。

不同点:铺垫是顺势而为,就像搭台阶,所有的铺设和准备都是为了最后的目标,一级一级向上搭建的;转折是急转弯,是在一个看似全力冲刺的赛道上,突然改变方向甚至朝着相反的方向跑去。这些需要我们在长期的阅读和写作实践中,体会其中的微妙。

侧面描写

侧面描写其实是相对于正面描写而谈的。正面描写很好理解,当然是直接描写要描写的对象,我们在第一部分中所学的描写人物的"脸身衣语行"五字秘诀,还有描写动物、静物的放大镜观察法、肉夹馍法、显微镜观察法,都是正面描写的方法。那么相对的,不从正面直接形容描写对象的方法,都算侧面描写。也就是对描写对象周围的人物、静物、环境等进行描写,从侧面烘托描写对象的方法。

鲁迅先生的《孔乙己》一文中,写到"孔乙己已经有一段时间没来了"时,描写了掌柜和喝酒的客人之间的一段对话。表面上是两个人的聊天,实际上是用这段对话写出了孔乙己为什么许久没来的原因以及现在生活的境况。这就是典型的使用别人的对话,对主要人物进行侧面描写。

《黄果树听瀑》这篇文章大量地使用了侧面描写。瀑布这样的风景,一般都是直接用眼睛看的,而作者独辟蹊径,自始至终采用的都是对声音的描写，根据远近、大小的区别，描写了各种角度听到的不同的瀑声，让人更有一种别开生面的感受。这就是典型采用侧面描写的好文章。

还有一个非常突出的例子，《小英雄雨来》，这篇文章中有一节描写的是老师用笔在黑板上指着，带领大家一起读："我们是中国人，我们爱自己的祖国。"这一节，表面是在描写老师讲课，而实际上则写出了小英雄雨来激动的内心，我们能从这样的画面中，感受到雨来的爱国之情是如何建立和扎根的。这是对主人公心理活动的侧面描写。

关于铺垫和侧面描写，其核心有一个共同点，就是用不直接针对事物本身的描写，来烘托和提升事物的形象和内涵。这样的描写技巧相对于正面描写来说，更加深入，给人的想象空间更加广阔，感受也更加丰富，文章本身的力量自然也就更大，带给人的美感也就更多！

下面，为了让大家更好地理解铺垫和侧面描写的效果，特别选了一篇寓言故事分享给大家。因为寓言的故事情节大家都比较熟悉，可以更加清晰地体会里面写作技巧的运用，感受其丰富的效果。这个寓言故事的名字叫《刻舟求剑》。

话说在春秋战国时期，有一个剑客，凭着一身的武艺游走四方，行侠仗义，从来没有吃过败仗。因为战绩卓著，使他养成了一个习惯，从来都是趾高气扬的，不肯承认自己的缺点，不肯接受别人的建议。尤其是在他得到了一把世上罕见的宝剑之后，他就更加不可一世了。据说这把宝剑，是他用自己所有的财产换来的。这把珍贵的宝剑，从得到以后就一直挎在他的腰间，从未离身。

有一天，他到处游走，来到了一条大河边。看着波涛滚滚，浪花飞舞的河水，他迟疑了。因为他虽然武功高强，但是却不会游泳，面对这宽宽的大河，完全是束手无策。偏赶上这天天公不作美，河两岸一直有阵阵凉风吹过，使得河面上更是常常有大浪卷过。

他在河岸上走了很久，也没有发现一座桥，只是看到岸边靠着几条船，还有几个船夫躺在河边的树下乘凉。

于是，他走到一位船夫的身边说："这位老哥，河边的船是您的吗？"船夫正闭着眼睛优哉游哉地哼着小曲，听见有人问他，就睁开眼说道："没错，是我的船，您这是要过河吗？"

听了这话，剑客高兴坏了，"没错，我就是要过河，还请您载我过去。"说着，剑客从兜里掏出来一大把钱币，船夫一看见钱就咧开了嘴，"没问题，我这就载您过河。"

站起身来的船夫接过了剑客手里的钱，将船拖进了河里。接剑客上船的时候，他发现这人是一个地道的旱鸭子，船只要稍稍一晃，他就吓得不行，紧紧攥住船帮，两条腿抖得不行。船夫就笑着说："呵呵，你这位剑客看上去十分潇洒威风，可是一上了船就怕成这样。你这是不会水吧？不用怕，只要你坐在船中央，扶住了船帮，我保你安全过河。"船夫说的本是一句好话，可在剑客听来却无比刺耳，他怎么能听得进去一个船夫的忠告呢？

　　于是，剑客说："谁用你提醒？我可是有名的剑客，哪里还需要你的保护？"说完这话，却又赶紧握住船帮不敢乱动。船夫一见，哈哈大笑，不再说话。

　　船向对岸快速驶去。说来也巧，当小船快到河中央的时候，风突然停了。小船非常平稳，简直就像在平地上一样。感受到这一点，剑客突然乐了，他慢慢松开了握着船帮的手，战战兢兢地站了起来。船夫赶忙说："这是河中心，您千万小心啊！"船夫哪知道，越是这么劝，剑客就越是不理他。剑客觉得已经站稳，竟然双手背后，哈哈大笑起来："哈哈哈，怎么样？我说我不用你保护吧！"哪知这句话还没说完，突然一阵小旋风飘过，小船猛地一晃，险些翻倒，幸亏船夫手疾眼快，用桨调正了船。可是那个剑客却受不了了，吓得脸色发白，急忙躬下身子伸手去够船帮，最后干脆就趴在船上了。这个举动惹得船夫又是一阵憨笑。可是，意外的事情发生了。就在剑客趴下的时候，自己腰间的宝剑滑出了船帮，挂着宝剑的挂钩也从腰间脱落，"嗵"的一声，宝剑落入河中间。

船夫一见这情景，慌忙喊道："哎呀，不好，这河太深可不好捞啊！"

哪知这时的剑客却露出了淡然的笑容，"不用着急，我自然有办法。"只见他，不慌不忙地从口袋里拿出一把小刀，在刚才宝剑掉落的地方刻了一个记号。船夫莫名其妙地问道："您这是干什么？"剑客骄傲地说："我把掉落宝剑的地方刻上记号，等船到了河对岸，就顺着记号找我的宝剑啊！"一听这话，船夫扑哧就乐了："您这样怎么能找到宝剑呢？"剑客根本不抬头，说："你一个船夫懂得什么？"

船夫不再答话，只是一味划船。等船到了河对岸，剑客果然沿着自己刻下的记号，去找宝剑，可是转悠了大半天也没看到宝剑的影子。

旁边的一位路人问船夫，"他这是干什么呢？"船夫说："他的剑掉在了河中心，正顺着船上的记号找宝剑呢。"路人大吃一惊："啊？剑掉在河中心，又不会跟着船跑，这样怎么能找得着呢？还不赶紧劝劝他？"船夫笑了笑说："他可是个了不起的剑客，哪能听我这个船夫的呢?"路人听了，似乎明白了船夫的意思，便也摇了摇头，走开了。

最后，那位剑客除了捞到两把船底的臭泥，什么也没有捞到。

大家有没有感觉这篇《刻舟求剑》和以前看过的有所不同呢？是不是更丰富、更生动了？在这里，作者运用了大量的铺垫，前期铺垫了人物性格，铺垫了宝剑，还铺垫了天气对河水的影响，这些都为后面情节的顺利展开打下了基础。上船后，用船夫的话对剑客进行了描述和评价，是在侧面描写剑客的形象。在故事的结尾，作者还用船夫和路人的对话，进一步点出了故事的主题，同时更进一步强化了剑客这个人物的性格。这也是典型的侧面描写。

再来谈一谈审题

前面我们学习了写作文时常用的写作技巧和方法，接下来我们将从一个更高的角度来看写作这件事。就好像，我们已经用了很长时间一直在攀登一座高山，经过了小路，

第三部分 告别"味同嚼蜡",让呈现更加精彩

走过了河流,穿过了密林,甚至,踏过了荆棘,终于来到了这座高山的山顶。接下来就要从这个山顶向山下看,既要看一看我们来时走过的每一处风景,又要用一个更加开阔的眼界来环视整个高山环抱下的风景,甚至还要朝更远的地方看一看。

作文,能够集中体现一个人的文学创作能力。作文一定会有题目,那么拿到一个作文题目,我们应该如何应对,如何思考呢?

很多同学不管是在考试还是写作业的时候,看到一个题目后,通常读一遍就立刻下笔,这是最要不得的。即便是再厉害的写作高手,也需要在读题之后进行审题和思考。这个过程的长短可能因人而异,但却是必不可少的。

嘉庆叔叔先把自己看到题目后的思考习惯做一个分享,然后再用几个例子来进行展示和解析。

第一步,找题眼。

我拿到一个题目之后,第一件事就是先找"题眼"。什么叫题眼呢?就是作文题目中最关键的一个词或者意思。题眼就是作文的核心,我们坚决要围绕它进行写作。

例如,有一个题目是《他这样做不好》,要求根据题目写一篇记叙文。这个题目的题眼是什么呢?对,是"不好"两个字,我们要写的事情一定是某种不太好的行为,也许

是随地吐痰，也许是上课不遵守纪律，也许是对老师撒谎，总之作文中记叙的事情一定要体现很明显的不良行为。如果写完之后，发现从头到尾都是好人好事，那肯定是写跑题了。

再举个例子，"生活中我们一天天长大，学会了珍惜时间，学会了孝敬父母，学会了团结同学，请以成长中的事情为内容写一篇作文，写出自己从中领悟出的道理。"这道作文题，没有直接给出标题，但是同样也有题眼，大家发现了没有呢？对，就是"成长"，我们要写的一定是关于成长的事情。如果我们写的是解出了一道数学题、学会了一首古诗，或者玩了一场非常愉快的游戏，就明显和题中所说的珍惜时间、孝敬父母、团结同学不相符，只能算是跑题了。

第二步，进一步审题。

找到了题眼还不够，一定还要再进一步审题，就是注意题目中有没有什么关键性的信息是容易被忽略的。比如《他这样做不好》这个题目，除了题眼"不好"之外，在写作文的时候，一定还要注意，是写"他"，也就是第三人称，是别人，而不能是"我"。如果最后写完了，发现写的是自己的事情，那肯定也是不对的。还有上面关于成长的作文题，除了写出关于成长的事情，题目中明确地交代了还要写出领悟的道理。如果只是写了事情，却没写出领悟的道理，这篇作文就是不完整的，少了最关键的点题一笔。

第三步，选取素材。

审完题之后，是不是就可以开始动笔了呢？别着急，还有一个最重要的事情，那就是选取素材，也就是确定这篇作文要以什么内容为主体。这里的内容就是指素材。

为什么有的同学在审题之后，能够有内容可写，甚至下笔千言、洋洋洒洒，就是因为他的脑袋里装了很多符合题目内容的素材。有的同学写作有水平、有技巧，但是面对题目却绞尽脑汁不知道该写什么，就是因为缺少相应的素材。那么，怎样才能让自己在面对任何题目的时候都能够有素材可写，不会为此而手足无措呢？这个问题，嘉庆叔叔还要卖个关子，会在后面进行详细讲解。

第四步，确定写作顺序。

在深入地审题，并确定了写作素材之后，要思考的就是如何把素材用好。这就用到我们前面学习的"说"了，也就是想清楚，用怎样的顺序将自己的素材展示出来。是按照时间顺序，还是空间顺序？是以事情进行的流程为顺序，还是使用倒叙，将事情的结果先交代出来，文章的中间是否需要进行插叙？

用"说"的方法，将作文的大致脉络梳理出来，其实整篇作文的结构也就明确了，也就有了常说的大纲。

第五步，正式写作。

有了明确的脉络，接下来要根据脉络往里面"填肉"。这个填肉的过程，就要用到前面学习的内容了。可以先用糖葫芦法确定每个部分的详与略，再用第三部分学到的内容，为作文确定好开头和结尾的写法。然后就可以开始动笔了。

我们学过的放大镜观察法、肉夹馍法、撒网法，还有各种修辞手法和写作技巧，等等，都会在写作文的过程中呼之欲出，信手拈来。

有的同学可能会说，从审题到选取素材，从确定顺序到梳理详略，再到最后动笔，这么多环节太复杂、太烦琐了。其实，这是我们把所有见到题目之后的思考过程进行了详细的分析，实际过程并不会十分复杂。就好像我们在武侠小说里常听到的"说时迟那时快"，如果上面讲的步骤，大家能够熟练掌握，往往在几分钟之内就可以全部完成。

下面我们来看这样一道作文题：

第三部分 告别"味同嚼蜡",让呈现更加精彩

书是人类进步的阶梯,书是人类的精神食粮,书伴随着我们长大,书牵动着我们的喜怒哀乐,维系着亲情、友情。请以"书"为话题,写一篇作文,题目自拟,写一件自己亲身经历的事情。

下面来看吴晓东同学是如何来思考这道作文题的。

第一步,找题眼。这道作文题的题眼显而易见是"书",一定要写跟书有关的事情。

第二步,进一步审题。注意细节,要求写的是亲身经历的事情,如果要写成寓言、童话,坚决不行。

第三步,选择素材。晓东根据自己的经历和偏好,选择了生日时发生的一件和书有关的事情。

第四步,确定写作顺序。晓东直接采用时间顺序来进行讲述,但是,为了突出那本书的特殊性,晓东决定先用细节描写法为故事开头,也就是先对书进行细节描写,再开始写主要情节。

第五步,首尾呼应。结尾又回到那本书上。

对整篇作文进行了运筹帷幄之后,我们来看一看吴晓东的这篇作文吧,作文的题目叫作《我的"上下五千年"》。

在我那间小小的卧室里，有一个属于我的、最珍贵的宝藏基地，那就是我床头的小书架。那里摆放着我最喜欢看的书。《西游记》《三国演义》《爱丽丝漫游奇境记》，都曾是那里的座上客。但是，铁打的基地，流水的书，因为基地的位置有限，常常走马换将。唯独有一部书，一直都在那里占据最深的位置。这部书十分厚重，分为上下两册。红色的封面，上下两端分别是瓦当团龙图案的上下两半，在正中央赫然写着五个苍劲有力的大字"上下五千年"。

提起这部书的来历，要说起我八岁那年的生日。因为那之前很久爸爸就跟我说会送我一个非常珍贵的礼物，所以我盼了好久。我心里默默地想着，爸爸送我的，一定是我最喜欢的蜘蛛侠人偶套装。

到了生日那天，我在爸爸妈妈的陪伴下许下心愿。切开蛋糕后，我接过了爸爸的礼物，那是一个好重的大礼盒啊。我的心里顿时乐开了花，想着我的心愿马上就要达成了。可是当我迫不及待地打开盒子之后，发现哪里有蜘蛛侠的影子啊，那是厚得令人头疼的两册书。

当时，我的鼻子揪了揪，嘴角撇了撇，眼看着泪珠就要夺眶而出了。好在，我已经是个坚强的男子汉了，强忍着把泪水咽回了肚子。蛋糕是没心情吃了，一气之下，就

第三部分　告别"味同嚼蜡"，让呈现更加精彩

跑回了自己的小屋，气鼓鼓地坐在了书桌前。

过了一会儿，爸爸从房间外走进来，看着我还在生气地噘着嘴，把脸撇向一边，便拍了拍我的肩膀，对我说，"晓东，爸爸知道，你一直想要一个蜘蛛侠的人偶套装，但是爸爸经过再三的思考，还是决定送给你这部《上下五千年》。你知道为什么吗？"我没说话，但小耳朵竖起来静静地听着。爸爸接着说："因为生日这一天的礼物，意义非同寻常，它代表着爸爸对你的期许和希望。"听到这里，我将头扭转了一下，又固执地扭了回去，还是没说话。

"爸爸知道，你是一个特别爱问问题的孩子，你常常问爸爸，为什么我们叫炎黄子孙？为什么我们叫龙的传人？还有，这个世界最早是什么样子的？人类从哪里冒出来的？这些问题从你记事起就开始问爸爸，在这部书里你都能找到答案。"

我还是没有好气地回了一句："这有什么，这些问题你都告诉我了，我早就不问了。"

爸爸笑了笑，又说："可是你真的不关心世界上到底有没有孙悟空吗？"听到这里，我的眼睛瞪大了，不知不觉地看向了爸爸。"还有，你不是总问为什么诸葛亮那么厉害，而李白又为什么写了那么多诗吗？还有，梁山上到底有没

有 108 条好汉？你还总是问五星红旗到底为什么是红色的，国歌为什么是《义勇军进行曲》。这些问题，在这部书里都有答案。"

　　说到这里，爸爸不再说话了，而是静静地看着我，我看向了爸爸手里拿着的那两册《上下五千年》。这时我才发现，这两册书都是用厚厚的塑料皮包好的。那上面明显有很深的褶皱，和被人翻过的痕迹。我问道："这怎么是旧书啊？"

　　"因为这是爸爸小时候看过的书啊。"我这时才知道，原来这是爸爸八岁生日的时候，爷爷送给他的。

　　我接过这部书翻开看了起来。这一看不要紧，我真的被里面的故事深深地吸引住了。那里不仅有我常常问的那些问题，还有我们祖国五千年的所有历史故事。从四大发明到唐宋元明，从盘古开天到新中国成立。从此以后，这部书就成了我最喜欢的一部书。

　　渐渐地，我明白了，为什么爸爸要把这部书作为我生日的礼物，不仅仅因为这是他儿时的伙伴，更重要的是，因为我是黄皮肤、黑眼睛的中国人，我是炎黄子孙、龙的传人。我为我的祖国而骄傲，我更应该知道我们华夏文明的五千年历史。

再后来，当我知道，世界四大文明之中只有中国文明是唯一一个没有断代，绵延至今的文明时，我更为我是华夏文明的传承者而自豪！

虽然这部书我已经看了不知多少遍，但是它依然放在我宝藏基地的最深处。我常常会在床头将它打开，翻起五千年的中国历史，就像翻起了我心中的骄傲！

小作者写得感情真挚，有血有肉。在这里，还要请同学们注意，这篇作文之所以能够把感情描写得淋漓尽致，除了构思清晰、素材选取得当之外，在故事的展开方面，小作者也是匠心独具。他没有将作文的中心——上下五千年直接亮出来，而是先来了个大转折，写出了自己面对爸爸送的这份礼物时的失望。当他明白了这份礼物的厚重之后，开始对它产生好感，然后一点一点地和这部书成了不可分割的"好朋友"。这样的描写，采用的就是前面讲过的转折手法，不仅烘托出了小作者与这部书感情的交织，还巧妙地介绍出了这部书的内涵和意义。在你写作文的时候，也可以大胆地尝试各种写作方法，让自己的作文富于变化，丰富多彩。

想象文同样有规律

有的同学特别喜欢写想象文,想象起来无边无际,天马行空,仿佛有写不完的话;而有些同学看到这种题目,却半天也写不出一个字来。

下面我们就来讲一讲,当看到想象文的题目时,应该如何展开想象,进行写作,也就是如何抓住想象的规律。

有的同学可能会吃惊地问:"啊?难道想象也有规律吗?"

没错,只要大家愿意去捕捉,用心去体会,很多看似毫无规律的事情其实都是有规律的。想象,最大的规律就是:没有无缘无故的、纯虚幻的想象。

这句话怎么理解呢?换个说法就是,任何想象都能够在现实生活中找到它的原型。不论是最具想象力的神话和童话故事,如盘古开天辟地、孙悟空七十二变、哪吒闹海、白雪公主、灰姑娘,还是科幻电影和动画片,如蜘蛛侠、美国队长、奥特曼、变形金刚,里面的人物、动物、主人公的兵器、魔法,有哪个不能在现实生活中找到原型呢?

盘古开天辟地的故事里写道,那盘古生活的地方混沌得就像一个蛋，"蛋"是不是我们生活中常见的呢？他又拿了把斧子劈向西方，将混沌的宇宙变成天和地，斧子大家肯定见过吧？再说说孙悟空，就更有原型可寻了，首先他是只猴子，动物园里谁没见过呢？其次，他的兵器是根铁棒，他穿的衣服是虎皮裙，飞行的工具叫筋斗云。再来看看蜘蛛侠，他的原型当然是蜘蛛和人，只不过作者把这两者进行了巧妙的组合。

如果大家有兴趣，可以随便找一找所有你知道的想象出来的人物、动物和事物，看看是不是都能找得到原型。

找了这么多的原型，目的只有一个，那就是告诉大家，想象，来自客观存在的世界，没有完全凭空产生的想象。既然想象来自于现实生活，那么当我们面对想象文的题目时，也完全可以从现实生活出发，进行有章可循的想象。

下面我们来看几道想象文的题目，尝试进行想象。

题目1：《明天，天上下杂物》

这道题目让人看了又好气，又好笑。杂物就是乱七八糟的什么都有，说是下杂物，却又不告诉下什么东西，这让人怎么写呢？别急，我们就顺着题目来思考一下，看看能从自己的生活里得到哪些想象的源泉。

我们想一想生活里哪些东西算是杂物呢？桌子、椅子、盘子、碗、筷子、书、笔、本、盒子、箱子、柜子……题目中说，这些东西都要从天上往下掉，就像下雨一样。那可不得了，这要是都砸下来，人在马路上还不得被砸死吗？得做好防范措施。

嘉庆叔叔觉得，应该在高楼和高楼之间都架上一层一层的大网，网眼可以大一点，主要是为了接住家具、电器这些大物件。在地上再铺上一层一层厚厚的大海绵，每一块都得有一层楼那么厚，防止那些锅碗瓢盆之类的小东西落到地上被摔坏。同时，还得通知所有人，大喇叭、电视广播、网络广告都得用上，告诉大家，明天可千万别出家门，以免被那些从天而降的杂物砸到。这样，既保证了所有人的安全，天上掉下来的杂物又不会摔坏，能够废物利用。

把这些准备的内容都写出来，一篇非常有意思的想象文就写好了。

题目2：《全世界最后一棵树的遭遇》

这个题目非常有趣。树，是我们生活中最常见的。但是，这里规定的情景是全世界的最后一棵，这可就不一样了。也许是因为外星人的侵略,也许是因为地球污染比较严重,也许是因为树的基因变异,一夜之间全都死光了,总之就剩下这最后一棵树了。不管什么原因导致树的濒临绝种,这个时候,它肯定是非常非常珍贵的。

那么我们来想一想,什么东西是世界上最珍贵的,人们又是怎么对待它的呢?比如,地球上最大的钻石、世界名画、最昂贵的古董等,它们要么是被保护在最严密、最封闭的金库里,要么是被放在防盗系统最烦琐的博物馆中。那个时候,我想全世界最后那一棵树,一定会被放在全世界看守最多、防盗门最多、高科技防盗系统最烦琐的地方。

最重要的是,为了保护这棵树的存活,不仅要把它置于最严密的看守环境下,还要给它提供最优厚的生长环境,比如最有养分的土壤,专门为它设计的人造小太阳,定时定量浇灌的纯净水。最令看守者们痛苦的是,这棵树同样会因为秋天的到来而落叶,每一片树叶的掉落,可能都会令所有人惊恐万状。

最后再给大家一个提示,我们还可以想一想这棵树会是什么品种,柳树、槐树,还是银杏树、桉树。还可以根据自己对这种树习性的了解,写出人们为了特别关照它而设计的特殊措施。

从作文题目出发,从自己的生活中寻找想象的源泉,一定会有很多值得自己动笔的内容可以写。

　　下面来看一篇由徐逸宸同学写的想象文，这篇作文的题目叫作《爸爸打开冰箱后惊讶地发现……》。徐逸宸是一个非常喜欢看科幻小说的同学，他最喜欢的就是写想象文。当他拿到这个题目时，首先想到，这里的人物应该不是现在的人物，这里的"我和爸爸"，应该是未来很多年后的人，他们的冰箱和我们现在的冰箱完全不是一回事，有着完全不同的用途。那么，当作文里的"爸爸"打开冰箱门的时候，惊讶的表情究竟是来自什么呢？

　　公元2139年，4月3日。这是我们一家移民火星的第一百天了。

　　我们已经非常适应这里的环境了。其实，早在一个世纪以前，这里的先行者们就已经把一切都准备好了，我们这些新移民来到这里，完全感受不到和地球有太大的区别。

　　与地球不同的是，这里还没有足够的土壤，不能开垦出农田。所有的粮食和饮用水都来自于胶囊仓库。胶囊仓库，是人工合成所有食物的地方，每一粒胶囊都是搭配合理的一顿饮食，各种口味，各种菜品，应有尽有。胶囊仓库的设计师还会时不时地设计一些新鲜的菜品，做成胶囊发放给每个家庭。这样一来，所有的家庭就有一个电器是被淘汰的，那就是冰箱。

不过，这么说也不太准确，因为虽然每个家庭没有了地球上的那种盛放食物的冰箱，但每个家庭的冰箱还是存在的，只不过用途完全不同了。每家的冰箱已经不再如地球上那般像一个大衣柜了，而是变成了化妆盒那么大的小箱子。里边装的当然也不再是食物，而是基因存储蛋。这个基因存储蛋里保存着每个人的所有活的基因信息和细胞样本。当人们得了病或者受了伤，就可以取出基因存储蛋，医生会根据里面的样本，合成人们需要的对抗病毒的抗体，或者需要修复的器官、部位。一个很小的手术之后，人们的身体就会恢复如初了。

而今天，我的爸爸在打开冰箱的时候，可是大吃了一惊，惊讶坏了。

爸爸今天早晨得了重感冒，他想拿出自己的基因存储蛋找医生看病。我的家里一共有三口人，爸爸、妈妈和我，可是他却看到了第四颗蛋。并且这颗蛋似乎不是基因存储蛋，类似于地球上的鸡蛋、鸭蛋。而且这颗蛋是活的。

这颗蛋在冰箱的特殊呵护下，开始晃动，过了一会儿，一块蛋皮被里面的小生命给啄破了。又过了一会儿，居然从里面爬出来一只恐龙小宝宝。这时，我早已经站在了爸爸的身后，兴奋地大叫了起来："呀，出来了，出来了！"

这个时候，爸爸恍然大悟："哦，原来是你小子搞的鬼啊！说，这颗蛋是哪里来的？"

我嘿嘿一乐说："就是上星期，李叔叔出差回地球，给我带过来的。他看我一个人太闷得慌，给我带来当宠物。"

爸爸说："我可还没同意你养它呢。"

于是我露出了谄媚的笑脸，苦苦央求。爸爸说："好吧，只要妈妈同意了就行。"这时妈妈走过来说："好啦，这毕竟是儿子在火星上的第一个宠物，让它留下吧。"我一听这话，高兴得手舞足蹈，欢呼雀跃。妈妈赶紧接着说："不过，这个小家伙的吃喝拉撒，可都得你来负责。"我大喊一声："是，妈妈，保证完成任务！"

在来到火星的第一百天，我终于有了自己的亲密小伙伴——一只可爱的恐龙。对了，它是一只可爱的三角龙。

徐逸宸同学在拿到作文题目后，首先想到的不是冰箱本身，而是爸爸为什么会诧异。爸爸的诧异一定和冰箱里放的东西有关。他喜欢写未来的世界，所以他认为未来的冰箱一定不是放食物的。因为读过的科幻小说很多，他了解过食物胶囊，了解过基因冷冻，他就想到把这些内容都放在自己的作文里。然后再顺着这个思路，继续往前走了一步，冰箱里不仅可以盛放能够治病的基因蛋，还可以盛放恐龙蛋宝宝。这样一来，这篇作文的想象力就强大起来了。大家看，这些内容虽然天马行空，好像没有边界，但其实每一点都是有根据、有出处的，来自我们的生活。

想象文的魅力是非常强大的，它和一般作文最大的区别就是，不仅考验我们的描述和表达能力，还考验我们的想象能力。想象能力同样来源于对日常生活的观察和思考。不断累积，不断练习，厘清想象文源于生活的规律，就一定能把它写好。

后　记

无他，唯手熟尔

当你翻到这一页，看到下面的文字时，相信你已经对观察与思考的方法、顺序的拟定以及各种技巧的使用等，都有了比较深的认识。如果你随着嘉庆叔叔进行了认真的思考和练习，那么应该已经有了一定的沉淀和积累，这扇写作的大门已经为你打开了。

然而，打开大门还只是第一步。这扇大门后面是一个藏满了各种武林秘籍的宝库。这里的秘籍，每一本都是武功绝学。学会其中任何一本，都能够成为绝顶高手，平步江湖。不过，已经迈进这扇大门的你，又应该如何成为真正的"文林高手"呢？

宋代文学家欧阳修有一篇著名的寓言故事叫作《卖油翁》，讲的是一个卖油的老人，可以轻松地将倒出的油，穿过一枚铜钱落入葫芦的故事。老人神乎其技的倒油本领惊诧了所有观众，老人向大家解释的时候却只有简单的一句话："无他，唯手熟尔。"

后 记 无他，唯手熟尔

其实，对写作而言，这个道理也是同样适用的。我们学习了放大镜观察法、显微镜观察法、撒网法、糖葫芦法，五种开头和结尾的方法以及四种修辞和四种写作手法等，这些都是干货中的干货、精华里的精华。然而，只是听明白了这些方法是远远不够的，最重要的是"练"！反复地，随时地，从多个角度去磨炼。

比如，夏天的时候，太阳热辣辣的挂在天上，这时满头大汗的你买了一根冰棍大嚼了起来。那么，就可以以这个镜头为描写对象，利用我们学过的放大镜观察法，描写一下你吃冰棍的样子。再比如，班里组织春游，你和几个同学一口气爬上了一座山的山顶，一阵凉风吹来，你极目远眺。就可以用撒网法，来描写一下当时你眼中所见。当你和同学玩得正开心的时候，冷静片刻，仔细观察一下你和同学们的状态，就可以用排比、比喻等修辞手法形容一下当时每个人的样子。

上面所列举的几个场景，都是我们生活中常见的，类似的场景还有很多很多，可以随时随地把这些场景用学习过的各种方法进行描述，尽可能地把自己的感觉描述清楚。不用非得拿笔写出来，用嘴说出来，讲给别人听也可以，让别人听听你的描述是不是到位。只要练得多，各种方法就会越来越娴熟，越来越自如，最后融会贯通、信手拈来，写作水平自然就水涨船高了。

在前面我们谈到过，写作水平和技巧是将文章写好的一个重要方面，但绝不是全部。另一个非常重要的方面是底蕴的积累。"不积跬步无以至千里"，这句话的意思是，一小步一小步地积累，最终可以走过千里万里的路程。任何伟大的成就，都是由细小的点滴积累而成的。

关于写作的积累主要有两个方面：一个是词汇量的积累，一个是素材的积累。

词汇量的积累，就是把日常看到、听到的好词、好句记下来，融入自己的语言和作文当中。有的同学可能会问，什么样的词汇和句子需要记下来呢？在这里有一个原则告诉大家，那就是"有意思"。不管是诗词、俗语、歇后语，还是名人名言，只要听了觉得有意思，就把它记下来。比如，看书的时候，看到了"大漠孤烟直，长河落日圆"，就把它记下来；看电影的时候，感受到了"迅雷不及掩耳"，也把它记下来；爬山的时候，听到爸爸说了一句"横看成岭侧成峰，远近高低各不同"，就默默地记在心里，随后再记在本子上；听到一个非常直爽的人说自己"小胡同里赶猪——直来直去"时，也赶紧记下来。

后 记 无他，唯手熟尔

总而言之，希望大家准备一个小小的本子，随时随地把这些有意思的词汇和句子都记下来，没事的时候翻一翻，记一记。慢慢地会发现，自己形容一个事物的词汇会越来越丰富，越来越生动。再也不会看到一个事物，只会说："哇，好棒，好看，真好看！"

素材积累，不像词汇积累那样常被提起。大多数人在写作的时候，往往能明显感觉到"书到用时方恨少"，自己积累的名言警句、诗词歌赋，在写作时完全不够用，所以会比较注意词汇的积累。但是很少关注拿到题目后，到底要写些什么。

其实，写什么，就是指文章的素材。之所以很多人在写作文时，一脸茫然，毫无方向，不是因为不知道怎么写，而是根本不知道写什么，没有素材。

那么素材应该如何积累呢？首先应该有一个正确的心态，那就是素材的积累要从小处着眼，从小处着手。意思是，不要以为只有拯救世界、维护和平才叫素材，更不要以为，只有扶老奶奶过马路、捡到钱包交给警察才叫好人好事，生活中时时处处都有值得搜集和记录的素材。

比如，某天放学后，想起班级的灯没关，跑回来把灯关上；做值日的时候，某同学不仅把自己负责的范围清扫了，还帮其他同学做了卫生。再比如，某一天的作业忘了写，家里的小狗掉毛了，春游的时候忘了带午餐，打乒乓球的时候崴了脚，生日的时候收到了一个心爱的礼物……这些都是写作的好素材。如果写记一件难忘的小事、令自己感动的事、记一个有特点的人、难忘的童年等，这些素材都可以拿来就用。生活里的写作素材比比皆是，有一句名言叫作"生活里不缺乏美，只是缺少发现美的眼睛"。

再有，不仅是自己经历的事情可以作为素材记下来，自己想象出来的有意思的片段也可以写下来。比如，把小猫想象成一个爱睡懒觉的巨人，把自己想象成一个门门功课都考一百分的考试高手，想象冰箱里蹦出来一只大恐龙，洗衣机里洗出了外星人，等等。不要小看这些有意思的想法，把它们记下来，写多了，也会是一笔非常珍贵的财富。

告诉大家一个小秘密，嘉庆叔叔小时候学习写作文时，兜里常常会放一个小本子和一支笔，就是为了方便随时记录。在本子的正面，记录自己随时碰到的觉得有意思的词汇和语句，本子的背面，记录自己随时发现的素材和想到的内容。一个从前往后记，一个从后往前记。等到前后两部分积累大会师了，就换一个新本子。这样的小本子嘉庆叔叔有一纸箱子，那可是嘉庆叔叔最宝贵的财富。

后 记 无他，唯手熟尔

讲到这里，嘉庆叔叔就已经把自己在学习中和教学中所积累的所有技巧和心得都传授给大家了。师父领进门，修行在个人。希望每一位同学在看完这本书后，都能够真正成为一个实践者，就像嘉庆叔叔提到的那样，随时反复地练习，注意搜集和积累词汇与素材。

相信每一位同学都能爱上写作，擅长写作，成为一位真正的写作高手！